# 내 생에 가장
# 행복했던 순간

10인의 감성수필

내 생에 가장 행복했던 순간

2013년 06월 15일 1판 1쇄 인쇄
2013년 06월 20일 1판 1쇄 펴냄

지은이 | 박양근 외 9인
기　획 | 김민호
사　진 | 김정재 · 박진배
발행인 | 김정재 · 김재욱

펴낸곳 | 나래북 · 예림북
등록 | 제 313-1997-000010호
주소 | 서울 마포구 합정동 373-4 성지빌딩 616호
전화 | (02) 3141-6147
팩스 | (02) 3141-6148
이메일 | scrap30@msn.com

ISBN 978-89-94134-27-7 03810
*저자와의 협의하에 인지를 생략합니다.
*잘못 만들어진 책은 구입하신 서점에서 교환해 드립니다.
*값은 뒤 표지에 있습니다.

# 내 생에 가장
# 행복했던 순간

10인의 감성수필

박양근외 9인 지음

BOOK

**책을 펴내며**

안팎으로 위기다. 마타도어가 횡행하고 북핵문제로 소연騷然하다. 이런 틈바구니에서도 우리는 기꺼이 책을 묶는다.

빛깔별로 낱말들이 주르르 미끄러져 내린다.
서로의 어깨를 빌려 꽃이 되는 순간이다.
삶의 무늬가 아롱진 문향에 정다운 동행이 있어 따뜻하다.
이보다 더 아름다울 수 있을까.
조선 후기 영정조시대의 문예부흥보다 더 포만하다.

참여 작가는 LA, 부산, 청도, 만리포, 대전, 경기도, 서울에 각각 분포되어 있다.

일체유심조一切唯心造라고 했던가. 온·오프라인에서 서로의 글을 읽으며 인연 따라 마음을 일으켰다.

초대수필에 옥고를 주신 박양근 교수님과 책을 펴내 주신 곽광택 시인님께 감사드린다.

편집인 이숙진

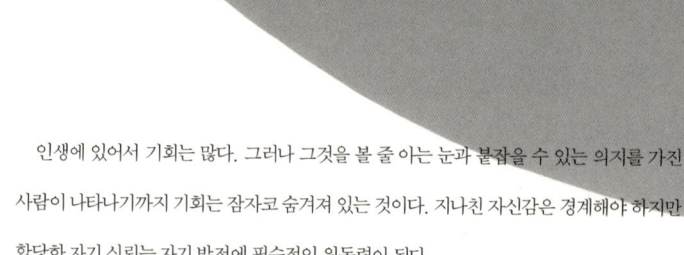

인생에 있어서 기회는 많다. 그러나 그것을 볼 줄 아는 눈과 붙잡을 수 있는 의지를 가진 사람이 나타나기까지 기회는 잠자코 숨겨져 있는 것이다. 지나친 자신감은 경계해야 하지만 합당한 자기 신뢰는 자기 발전에 필수적인 원동력이 된다.

차례

책을 펴내며 · 4

# PART 1
## 초대 수필

### ― 박양근
청령蜻蛉 씨와의 하루 · 17
자고 가래이 · 21
손이 작은 남자 · 26
봄날, 광복동에 안기다 · 30

## PART 2
# 참여 수필

### ― 이태호
어머니의 살강 · 41
원형 춤이 멈출 때 · 45
어버이날 단상 · 51
호박꽃 단상 · 57

### ― 최영옥
겨울밤의 간식 · 67
행운목과 女心 · 70
눈이 내리면 · 74

### ― 정정인
누구의 죄냐 · 83
명암의 사각지대 · 88
바람 편지 · 93

### ― 박영환
서리 · 103
백조의 성 · 113
이런들 엇더하며 · 119

── 이숙진
유보의 땅 모하비 사막　127
유자　131
손님　135

── 김정화
장미, 타다　143
바다에서 강물을 만나다　148
얼음재　152

── 김우영
나의 뫼 사랑　161
자연이 왜 좋은가　163
부치지 못한 편지　169
은근초란 이름의 상추 보쌈이여!　174

── 김영교
식은 죽 반 숟가락　183
돌려보낸 돌　188
매일 조금씩 떠나보내는　193

── 김상연
시간의 춤을 추는 사람들　201
이런 빵을 먹어 보았는가　205
두물머리의 만추　210

# PART 01
## 초대 수필

박양근(朴洋根)

박양근(朴洋根) 작가 약력

1988년 대구가톨릭대학 대학원에서 영문학박사를 받았다. 위스콘신-메디슨 주립대학, 펜실베니아대학, 워싱턴대학, 리버풀대학, 남호주대학의 객원교수를 지냈고 현재 부경대학교 영문과 교수로 재직 중이다.
『월간에세이』에서 에세이스트로로 천료, 『문학예술』에서 문학평론가로 등단하였으며 한국수필의 현대이론을 정립하는데 관심을 갖고 있다. 부산문인협회부회장, 『문학도시』 주간, 『월간문학』 편집위원을 역임하였고 현재 한국문인협회, 한국펜클럽회원이며 부경수필아카데미전임교수와 영남수필학회장으로 있다.
『수필과 비평』, 『수필세계』, 『현대수필』, 『에세이스트』, 『에세이문학』 등 전

청령 씨와의 하루
자고 가래이
손이 작은 남자
봄날, 광복동에 안기다

국수필전문잡지에 수필평론, 수필작가론, 월북산문가론을 발표하고 있다.

수필집으로는 『손이 작은 남자』, 『길을 줍다』, 『문자도』, 『작은 사랑이 아름답다』, 『풀꽃처럼 불꽃처럼』이 있고 문학관련 저서로는 『한국산문학』 『사이버리즘과 수필미학』, 『좋은 수필 창작론』, 『미국수필 200년』 등이 있다.

2012년 부산문학상본상, 2009년 구름카페문학상, 2007년 제17회 수필문학상 수상, 2005년 신곡문학대상, 2001년 『문예시대』작가상을 수상.

E-mail; ykpark@pknu.ac.kr

나긋나긋한 허리를 구부려 씀바귀를 캐시던 어머니의 슬픈 희망이 떠올랐기 때문이다.

청령감소 蘇鐵이라는 중국속담이 있다. "잠자리가 소철나무를 흔들려 한다."는 말로써 할 수 없는 일을 한다는 풀이에 해당한다. 하지만 그날의 잠자리는 가만히 있으면서도 내 마음을 조용히 그러나 깊게 흔들었다. 그 어느 경우든 나는 한적한 산골 길에서 자연의 철인인 청령 씨와의 하루 면담을 한 셈이다.

# 청령蜻蛉 씨와의 하루

무더위가 느껴지는 늦봄 주말이다. 일요일이면 슬며시 팔이 쑤셔와 그럴듯한 핑계를 업고 길을 나선다.

요즘 심심찮게 가는 곳이 새로 생겼다. 해운대 달맞이 고개에서 30분 정도 동해를 따라 달리면 다다르는 서생이라는 마을이다. 서생은 예로부터 배로 유명한 곳이어서 달콤한 배 맛도 별미지만 온 동네가 배꽃으로 하얗게 단장하는 봄 풍경에 혹하기도 한다. 언젠가 서울손님을 모시고 그곳을 일주하였더니 기대 이상으로 고마워하여 지금쯤의 매력은 어디 있을까 내심 궁금해졌다. 지난번과 달리 꽃은 사라졌지만, 연초록 잎이 싱그러운 냄새를 사방에 흩날리고 있었다. 봉긋한 언덕과 야트막한 농가 사이의 밭마다, 녹음방초의 시간이 겹으로 머물러 있었다.

빈터에 차를 멈추었다. 덤불만 호젓한 길을 따라 내려갔다. 내 몸은 나뭇잎으로 숨겨지고 사방에서 녹녹한 풀 향기가 덤벼들면서 사람의 말소리가 싫어질 정도다. 이런 길에서는 마음이 몸을 앞선다. 숨이 가쁘다 싶으면 쉬어도 되고, 끝까지 아니 가고 중간에서 돌아와도 된다. 파릇한 이끼를 머금은 평 돌이 군데군데 놓여있는 곳에서 깊은 산이 베푸는 햇살과 적요를 즐길 요량을 한다. 약간의 시간이 지났을까. 어디서 날아왔는지 물잠자리 한 마리가 돌 위에 얌전하게 앉는다.

 기별을 알리기 전에 나오는 주인처럼 반갑기 이를 데 없다. 낯선 객을 살피는 불룩한 눈매가 순박하기 그지없고 가지런한 청록 줄무늬는 갓 다리미질을 한 도포 자락처럼 정연하다. 산 개울에 거처하는 물잠자리답게 몸매도 청아하여 감히 범접하기 어려운 기개를 보여준다. 나는 그의 자세가 너무나 차분하여 몸을 움직일 수가 없었다. 대상에 따라 이렇게 다른 만남을 도출한다는 사실에 전율을 느낀 것도 모처럼의 일이다. 잠자리 날개에 비친 따뜻한 햇살이 푸르다 싶은 추억을 실어낸다.

 친구의 허리를 가볍게 찌르는 기분으로 손을 내밀었다. 나보다 낮게 앉아 봄기운을 향유하는 그를 어찌해 보겠다는 생각보다는 무료함을 깨뜨려보려는 심사뿐이다. 실개천이 흐르는 소리 외에는 오감을 자극하는 것이 없는 터에 그의 출현은 더없이 고마운 일이 아닌가.

 잠자리는 꼼짝하지 않는다. 그것은 현재에 머물고 있지만, 예전에 지켜보았던 잠자리인 듯 여겨진다. 고등학생 시절에 누구나 그렇듯이 나도 사춘기 바람을 탔다. 학교를 파하면 마음이 통하는 몇몇 친구와 어울려 경산 교외에 널려 있는 저수지로 나갔다. 시

외버스가 간혹 먼지를 날리며 멀리서 지나갈 뿐, 호젓한 저수지에는 해묵은 갈대가 울타리로 펼쳐져 있었다. 하늘을 가득 채운 빨간 잠자리 떼는 땅과 돌과 풀잎을 가리지 않고 앉았다. 그 가운데서도 철갱이라 부르던 왕잠자리는 갈대 끝에 의젓하게 앉아 오래도록 바람의 시소를 타곤 했다. 그러면 고추잠자리를 포획하느라 부산을 떨던 나는 동작을 멈추고 그의 자세를 한동안 지켜보았다.

 학창시절의 나로 돌아가 앞에 정좌한 잠자리를 향해 천천히 손을 내밀어 본다. 땅에서는 손바닥보다 큰 그림자가 잠자리를 향해 갔지만, 그것은 미동하지 않는다. 두 손을 모으면 손가락 사이에 잡힐 거리로 좁혀져도 여전히 그대로다. 이른 철이어서 기력이 없는지, 아니면 포로가 될 순간조차 묵상에 잠겼는지, 아무튼 날갯짓도 하지 않는다. 그 적막 속에서 꼼지락거리는 것은 내 손가락뿐이다. 멈칫하지 않을 수 없다. 무색해진 마음을 숨길까 하여 천천히 그리고 조용히 손을 거두기 시작했다. 만일 그 낌새를 알아차리고 달아나버리면 어찌하나 하다가도, 내 젊은 시절이 일순간에 사라질까 두려워 정말 조용조용 손을 거두어들였다.

 며칠이 지나도 아쉬움은 여전했다. 그날 만난 잠자리는 겁이 없었다. 겁이 없다기보다는 겁을 초월하였다. 그는 한낮의 부드러움과 노곤한 온기를 즐기며 조용히, 아주 조용히 나의 의중을 시험한 셈이다. 그와 나 사이에 존재하는 짧은 거리를 위험의 간극이 아니라 친밀의 간격으로 간주하고 조금씩 다가오는 손가락을 면담의 손길로 풀이한 것이다. 어쩌면 그도 날개를 퍼덕이거나 고개를 돌려 화답할 생각을 품었을 것이 틀림이 없다. 그 시점에 앞서 내 손이 멀어지자 잠자리는 인간의 가벼운 변덕과 얄팍한 조급증에 실망해버린 건 아닐까.

곤충도 자신에게 가까운 대상인가 아닌가를 감지하는 능력이 있다. 지능이 높은 인간보다 감지력이 더 뛰어난 곤충도 적지 않다. 나는 잠자리를 지켜보면서 자신을 해코지하지 않으리라는 나의 진심을 처음부터 알아주었으면 싶었다. 한낮의 적적함을 깨려는 단순한 장난이 아니라 진심으로 이야기를 건네려 하였던 의도를 이해해주면 했다. 그리고 그가 나의 철부지 장난기를 순화시키고 젊은 시절의 분방함을 가라앉히고 초로의 찌든 시간을 풀어주기를 기대하였다.

청령감소철蜻蛉撼蘇鐵이라는 중국속담이 있다. "잠자리가 소철 나무를 흔들려 한다."는 말로써 할 수 없는 일을 한다는 풀이에 해당한다. 하지만 그날의 잠자리는 가만히 있으면서도 내 마음을 조용히 그러나 깊게 흔들었다. 그 어느 경우든 나는 한적한 산골길에서 자연의 철인인 청령 씨와의 하루 면담을 한 셈이다.

## 자고 가래이

　그날은 당일로 돌아올 기차표를 끊지 않았다. 큰집에 갈 때면 늘 당일치기로 돌아오곤 했고 제삿날에는 늦은 밤차를 타고 내려왔다. 다음날 출근이 조금은 부담스러웠지만 특별한 일이 늘 생기는 것은 아니었다. 그러나 이번에는 자고 와야겠다고 내심 작정했다.
　부산으로 내려온 지 어언 서른 해가 가까워진다. 그동안 가족 사정도 많이 바뀌었다. 형제들은 하나 둘 분가를 하였고, 무엇보다 집안 대주가 수를 다하면서 집안이 휑해져 버렸다. 당연히 어머니 혼자 집을 지키게 되었다. 아직 바깥나들이를 할 정도인 어머니는 자식들에게 의탁하지 않아 마음 편하다고 말씀하신다. 그러면서 도처에서 찾아온 피붙이들이 왁작거리는 명절을 기다리시는 눈치를 숨기지 못한다.
　어릴 때의 일이다. 당시 여름철에는 모기가 유달리 극성스러웠다. 에프킬라나 모기향이 없어 모기장만이 유일한 방충 장비였다. 가장자리로 밀려나는 경우에는 모기떼의 희생양이 되기 일쑤였던 만큼 형제들은 가능한 모기장 가까이 누우려 하지 않았다. 어쩌다가 모기 한두 마리가 찢어진 틈을 뚫고 들어와 종횡으로 누비면서 포식을 할 때면 여름 하늘을 지나가는 쌕쌕이 소리만큼이나 날카로웠다.

그러다 보면 잠이 들어버린다. 어디선가 선선한 바람이 밀려와 눈을 떠보면 어머니가 부채를 들고 모기장 밖에서 모기를 쫓고 있었다. 한밤중 대청마루에 앉아 부채질하는 어머니의 뒤로 은하수가 길게 흐르고 앞마당의 감나무는 미동도 하지 않았다. 어떤 때는 뿌연 새벽이 되도록 부채질로 모기를 제 편으로 부르고 계셨다. 어깨가 턱 벌어진 자식이 되어도 어머니의 눈에는 모기에게 무방비로 공격받는 아이로 보이는가 보다. 그 여름밤 풍경은 내가 대학교에 들어가서도 이어졌다.

며칠 전 할머니 제삿날이었다. 제수 준비가 어떤지 전화를 드렸다. 겸사하여 모임이 생겨 시간에 맞춰 올라가겠다고 하니 조심스럽게 덧붙이신다.

"자고 가래이."

순간 가슴에 흰 바람이 불었다. 일전에도 자고 내려가라는 말씀을 서너 차례 하셨지만 청개구리마냥 훌훌 내려왔다. 다음날의 회의는 이른 아침 열차를 타면 될 터이지만 회의와 바쁘다는 핑계를 대며 내려오곤 했다.

몇 년 전까지 그런 말을 하지 않으셨다. 자식이 바쁜 나잇줄에

접어들었다는 사실을 뻔히 아는 터라, 제사가 끝나면 정성스럽게 음식을 싸서 손에 쥐어줄 뿐이었다. 그 어머니가 이제 투정하듯 자고 가란다.

3년 사이에 어머니는 퇴행성관절염으로 양쪽 무릎을 두 차례에 걸쳐 수술을 받았다. 적잖은 자식들을 업고 안아 키우느라 양쪽 무릎이 활처럼 휘어져 제대로 걸을 수 없게 되었다. 싫다는 어머니를 간신히 설득하여 교정해 드렸더니 무척 기뻐하면서 나들이를 여간 조심하는 게 아니다. 아파트 경로당을 오가며 소일하는 시간을 빼면 거의 집 안에서 보내는 셈이다. 그 적적함을 누군들 쉽게 이겨낼까 싶다.

아예 왕복 열차표를 예매했다. 돌아오는 시간은 다음날 아침 시간으로 했다. 마음이 느긋해졌다. 이제 얼마가 남아 있을지도 모를 여생을 손꼽아보면 마주할 수 있는 시간이나 횟수가 너무나 짧고 적다. 지난주까지만 해도 당일에 돌아오려고 하였는데 내 맘이 왜 바뀌었는지 뚜렷한 이유가 생각나지 않는다.

그 며칠 전에 직장 동료가 사고로 세상을 떴다. 장남인 그 친구의 나이는 마흔 여덟이었다. 사회인으로서 한창나이였다. 장지까지 따라온 여든셋 연세의 모친은 붉은 묘지를 빙빙 돌며 몸을 가누지 못한 채 호곡을 하였다. "아까바라"라는 피맺힌 곡소리는 이내 쉬어버렸고 무심한 까치도 덩달아 울어댔다. 그날 가장 서러운 사람은 그의 어머니였다.

제사가 끝나고 멀리 사는 형제들이 뿔뿔이 돌아갔다. 회사에 근무하면 출퇴근 시간에 매이지만 대학교에 근무하면 조금 여유를 부려도 된다는 이점이 있다. 이런 여유를 가진 사람은 집안에서 나밖에 없다. 그런데도 지금까지 그 여유가 왜 주어졌는가를 깨닫지 못했다. 낯을 붉힐 수밖에 없는 일이다.

어머니가 종종걸음을 치며 이부자리를 깔았다. 늙어가는 자식을 위해 이부자리를 펴는 더 늙은 어머니, 몸에 배길세라 초여름인데도 두꺼운 요를 깔고 준비해 둔 새 이불을 폈다. 무엇보다 어머니 품을 떠난 후로 30여 년이 지났건만 내가 좋아하는 베개의 크기를 아직 잊지 않으셨다. 나는 아이처럼 몸을 이불 속으로 넣었다.

가만히 어머니의 표정을 살핀다. 흐뭇한 미소가 주름살 사이로 퍼져간다. 두 자식을 먼저 저승으로 보내고 나머지 자식들은 남의 집에 보낸 홀어머니의 속마음이 가을바람처럼 소슬하게 다가온다. 이제 더 거두어드릴 것도, 손에 쥘 것도 없는 여든을 훌쩍 넘긴 나이. 그 어머니가 반백 머리의 자식을 위해 이불을 펴는 것이다. 하룻밤 동안 자식을 집 안에 품는 기쁨이나 영원히 자식을 가슴에 묻는 아픔의 극점은 어머니라는 존재에서만 가능할 것인데, 남은 행복이란 이런 것일까. 사랑과 정을 고스란히 베풀고도 오히려 모자라 미안해하는 어머니의 시선이 봄꽃보다 곱다.

따뜻한 감촉에 살며시 눈을 떴다. 일찍 기차를 타는 자식을 위해 더운 아침밥을 하러 부엌으로 들어가면서 가만히 내 발을 쓰다듬는 어머니의 손길이다. 나도 한쪽 발을 교통사고로 심하게 다쳤던 적이 있다. 그러고 보니 우리 집에서 무릎 수술을 받은 사람은 어머니와 나뿐이다.

다음 집안 대소사가 다가올 때도 "자고 가래이."라고 말씀하실 거다. 그 말을 몇 번이나 더 들을 수 있겠는가. 한여름의 부채질 소리가 갈수록 선해진다.

## 손이 작은 남자

처음 만나는 여자 분들은 내 외모를 요리조리 쳐다보다가 기어이 말을 건넨다. "어쩌면 손이 요리도 작네요." 상대방에 대하여 칭찬 반 조롱 반의 인사치레를 하고 싶은 참인데 드디어 말감을 찾아냈다는 묘한 웃음을 흘리며 건드리는 신체가 모두 손이다. 키가 작다고 말하고 싶지만, 체면을 깎는 것 같고 눈이 작다고 하면 내 자존심이 상할까 싶어 과녁을 만만한데 돌린 것이다

사실 내 손은 작다. 그래서 그런지 팔 길이도 짧아 사는 옷은 반드시 수선점에 맡긴다. 그럴 때마다 조금은 콤플렉스를 느낀다. 여자의 권력은 아름다움에서 나오고 남자의 권세는 크고 강한 데서 나온다. 손이 솥뚜껑만 하고 장대 같은 키하고 황소 눈알을 가지면 그 남자는 힘이 세다. 남자에겐 힘이 권력이라는 뜻이다. 설상가상 나는 눈도 작고, 키도 작다. 그러니 힘하고는 참으로 멀다. 가끔 사람들이 코가 잘생겼다고 보태주기는 하지만 손이 작다는

말에서 받은 상처를 메워주지는 못한다.

　상대가 잠시 뜸을 들이다 덧붙인다.

　"손이 작으면 부지런하다 카데 예."

　참았던 열등감이 튀어나온다. 나에게 시집왔으면 한평생 화장이나 하면서 살 건데 하는 말이라도 보태주면 좋으련만 그런 징후는 눈곱만큼도 보이지 않는다. 말 그대로 부지런하다는 건 열심히 산다는 칭찬이 아니라 고생바가지라는 비아냥이다. 그런데 손이 작은 나에게 부지런하다고 말하면 평생 고생이나 하라는 악담이 아닌가.

　그런 말을 하는 여자의 손바닥과 마주 대보면 대부분 손마디 하나가 더 길다. 나는 "물오른 난 잎 같아요." 하고 칭찬해 준다. 여자들은 손가락이 길다는 칭찬을 물 한번 안 묻히고 살 팔자라는 점괘라고 믿는 모양이다. 고등학교까지 피아노를 친 손 같다는 말을 덧붙여주면 해죽이 웃는 목선에서 풋향기가 묻어나기도 한다.

　남자는 손이 작으면 귀하고 여자는 손이 작으면 천하다는 말이 생각난다. 그건 반어법의 극치다. 흔히 맏며느리를 칭찬하여 손이 크다고 한다. 집안 대소사 때 음식을 푸짐히 장만하여 나누어 주는 부덕婦德을 일컫는다. 반대로 기생은 술잔이나 안주 젓가락만 만지작거리다 보니 손이 작아진다. 진정한 여자라면 살림이 힘들지언정 손이 작기를 원하지는 않을 것이다. 남자도 분명 게으른 작은 손보다는 넉넉한 큰 손이 만든 음식을 푸짐하게 먹고 싶어 할 것이다.

　예로부터 작은 남자를 샌님이라 칭한다. 체구도 작고 심보도 작으니 매사 소심하기 마련이다. 일을 잘할 수 있는가 없는가를 따질 때 구분하는 게 손이다. 어느 손 작은 남자가 동네 부역을 할 때마다 슬쩍 새버리니 샌님이라고 불렀던 모양이다. 그래도 샌님이라면 책상다리 같은 모습이 떠오른다. 요즈음에는 모든 일을 컴퓨터로 처리하지만, 태초의 조물주는 샌님에게는 삽이나 도끼보다 가벼운 붓대가 어울린다고 생각하였을 게다. 그러니 사지四肢의 크기에 따라 조물주가 역할을 분담해준 게 아니라 붓대를 잡고 글만 쓰다 보니 손이 작아진 것이다. 손가락 길이는 그대로지만 컴퓨터 자판기를 두드리는 손마디가 갈수록 굵어지는 것을 보아도 라마르크의 용불용설이 맞다 싶다. 어쨌든 나도 생활인의 손을 가졌다.

큰 손에 대한 열등감을 깊게 자각한 때가 있었다. 손에 대한 글을 읽었을 때다. 미술에 조예를 가진 두 친구가 있었다. 서로가 상대방의 재능을 살려주기 위해 다투다가 한 친구가 식당일을 하여 다른 친구를 도와주었다. 세월이 지난 후에 화가로 성공한 친구가 돌아와 이번에 그를 도우려 하였다. 마침 식당 친구는 떠난 친구가 성공하도록 힘든 일로 거칠어진 손으로 기도하고 있었다. 손은 너무 망가져서 붓대를 잡을 수 없었다. 화가는 그 손을 그렸다. 알브레히트 뒤러의 『기도하는 손』에 담긴 일화이다. 그 손은 희생적인 우정을 보여주지만, 노동과 예술이 상호 존중해주는 미담이기도 하겠다.

나도 노동자다. 글을 쓰는 정신노동자다. 나는 글을 쓸 때마다 일한다고 말한다. 그래야만 육신의 땀을 흘리는 노동자들에게 덜 미안하고 찬물로 설거지하는 여성들에게도 덜 미안하다. 태어날 때부터 작은 손을 가진 것이 부끄럽지 않지만, 지금까지 거칠고 마디진 손으로 키우지 못한 것이 더욱 미안하다. 그나마 아직도 글을 쓰니 다소간 위안이 되기는 한다.

문제는 유전이다. 작은 손도 유전되리라. 그런 탓인지 집의 아이들은 모두 기계를 만지는 이과로 입학하지 못했다. 졸업 후에도 나처럼 가르치고 글 쓰는 걸 좋아한다. 그러다가 손자 대에서 더욱 손이 작아지면 어떡하나.

"어쩜 손이 고리콤 작냐?"

그런 말을 들을 큰 손자들을 생각하면 먼 세상에서도 잠이 올 것 같지 않다. 그땐 남자가 손이 작으면 귀하다는 위로의 말도 오래전에 사라졌을 것이다.

## 봄날, 광복동에 안기다

며칠 전 나는 봄날의 악수를 광복동에서 했다. 따스한 봄볕을 받으며 모처럼 찾아간 광복동 입구에는 황동 빛 신사가 사람들을 반기고 있었다. 나는 슬쩍 그에게 윙크를 건넸다. 중절모자를 어깨 위로 들어 올린 그가 환하게 웃었다. 그리고는 속삭이듯, "렛즈 셰이크핸드" 그가 내민 손에서 봄이 익는다.

봄은 포즈의 계절이다. 봄은 부활의 시즌이지만 분명한 사실은 각자가 멋있는 포즈를 취하는 계절이라는 것이다. 냉이꽃, 복수초, 얼레지… 여린 꽃들이 앙다물었던 봉오리를 벌리고 개구리가 뒷발질로 논물을 가르고 산 꿩이 덤불에서 날아오르는 것도 봄 인사를 건네는 그들만의 포즈다.

광복동 거리를 오가는 사람들의 옷차림도 포즈다. 두꺼운 바지로 가렸던 정강이를 드러내고 겨울 장갑을 꼈던 하얀 손이 팔랑개비 질을 한다. 가로수조차 "우리 악수해요, 봄맞이 스킨십을 해요."라고 흔들거린다. 봄의 배달꾼은 그들만이 아니다.

그래서 광복동에 들어서면 음울한 기억은 이내 잊힌다. 정오 햇살이 내려앉은 살굿빛 길을 걷는 것만으로도 춘흥이 차오를 정도다. 사람 사는 곳의 기운이 제일 왕성한 법. 보도블록도, 거리 간판도, 오가는 차도…. 무엇보다 이곳을 삶터로 삼아 살아가는 사람들이 가장 아름다운 봄날 액자가 아닌가. 그들이 진정 튀고 돌고 뻗는 생명체들이다. 30년 전처럼, 30년 후에도.

나는 30여 년 전 봄에 부산으로 이사를 왔다. 그때 내 나이는 팔팔한 청춘이었다. 지금 생각해보면 내 봄맞이는 광복동 주변에서 이루어졌다. 아이가 자랄 때 즐겨 찾아온 곳은 용두산 공원이었다. 그곳에 오면 비둘기가 상춘객을 반겼고 모이를 쪼기 위해 모여든 비둘기의 배 밑에서는 봄볕이 출렁거렸다. 40대에는 겨울 동안 눅진해진 책을 볕에 말리는 보수동 골목을 즐겨 돌았다. 콤콤한 헌책 냄새를 맡으며 나도 이젠 헌책이라는 슬픔을 고갈비로 삭히던 곳이 광복동이다. 50대에는 자갈치 시장에서 소주잔을 기울이며 죽은 작가들의 영혼을 불러내곤 했다. 막 칼질한 곰장어를 앞에 두고 토하는 고독과 죽음과 부활…. 그때의 인생 선배들은 이젠 광복동에 나타나지 않는다. 기력이 쇠잔하였으므로, 삶의 순수성이 멸하였으므로.

그래도 예순을 넘긴 나는 간혹 광복동을 찾는다. 마지막 봄은 아니겠지만, 심춘순례尋春巡禮라는 말에 눈물이 흐르면 아직은 더 살아야겠다는 생각도 한다. 그런 마음으로 광복동 한복판에 다다르면 숲과 개울이 없어도 봄물에 젖는다.

　길은 여전히 좁고 건물 높이는 고만고만하여 마치 자작나무 숲에 들어온 느낌이 든다. 간판조차 예쁜 새 둥지로 보인다. 바라본 길은 커다란 황룡처럼 구비 틀고 건물 사이로 올려다본 하늘은 청룡이 꿈틀거리는 모양새다. 올해는 용띠. 흑룡이든, 청룡이든, 황룡이든, 광·복·동이라는 이름만 불러도 용 비늘이 우수수 떨어질 듯하다.

　봄이 사람을 만드는 것이 아니라 사람이 봄을 만든다. 물론 젊은 시간이 흘러가버리면 모든 것이 어색하지만 어디엔가 옛 친구는 있기 마련이다. 프랑스어, 이탈리아어, 심지어 러시아어 간판이 색동 몸매를 자랑하여도 30년 동안 제자리를 지키는 간판 하나쯤은 만날 수 있다. 그 마음을 읽은 토종 간판 서넛이 골목 안에서 푼수 얼굴을 내민다. 그건 저 멀리 지나간 봄도 여기서는 사라지지 않는다는 과묵한 표시등이다.

　이만 하면 됐다. 두 다리로 광복동을 걷는 것만으로도 행복한 게 아닌가. 세월이 지나면 누구나 자족에 눈뜨는 나이가 되는 법이니, 돌아가야지.

　그때 포장마차 골목이 눈에 띄었다. BIFF 조끼를 걸친 억척 아줌마들이 변함없이 순대와 꼬치와 떡볶이를 팔고 있다. 10년 넘게 제자리를 지키며 인심도 함께 판다. 일인 분 값을 치렀는데 아주머니가 더 잡수시란다. 값은 이미 치렀으니 더 달라고 한들 어찌

할 거냐고. 그 덕분에 나는 광복동 인심을 먹고 또 먹었다. 다음번에는 살찐 미나리를 얹은 비빔밥 가게를 찾을 수 있으면 좋을 텐데. 어느덧 주전부리로 봄을 맞이하고픈 나이가 되었나 보다. 그렇더라도 광복동은 언제나 봄이다.

# PART 02
## 참여 수필

이태호 최영옥 정정인 박영환 이숙진
김영교 김정화 김우영 김상연

누구나 자신이 행복하기를 바라며 그 행복을 얻기에 힘쓰고 있다. 살고자 하는 의지는 언제나 행복이나 희망과 결부되어 있다. 정신이 건전한 사람은 자기에게 어떤 결점이나 부족한 점이 있더라도 다른 능력을 발휘해 그 부족한 점을 커버한다. 마이너스를 플러스로 전환시키는 것에 인생의 묘미가 있다.

어머니의 살강
원형 춤이 멈출 때
어버이날 단상
호박꽃 단상

### 이태호 작가 약력

월간 수필문학 천료 등단
월간 문예사조 신인상 등단
월간 「좋은 생각」 좋은 이야기 대상
한국문인협회 회원
수필문학작가회 회원
문학동인 글마루 회원
공저 :「한국대표 명 산문선집」 외 다수
행정안전부지정 만리포정보화마을 위원장
e mail : searose1@hanmail.net

생전의 어머니께서는 외로울 때나 일이 잘 풀리지 않으면, 으레 곳간 살강 밑에서 쪼그리고 앉으셨다. 콩 벌레처럼 둥글게 자신의 몸을 말고 무슨 생각을 그토록 골똘히 하시는지 한참을 계시다 나오셨다. 그러시다가 살강에 매어둔 씨앗 봉지를 쓰다듬으시곤 하셨다. 아마도 봉투에 쓰인, 빛바랜 선친의 필체(筆體)에서 먼저 간 남편의 숨결이라도 느끼시려는지…….

나는 하루가 스러지는 시각에 어머니의 살강 밑에 앉아서 한 횡의 짧은 문장을 떠올려 보았다. '무너져 버린 뒤에도 그리움은 늘 슬픈 아름다움을 지니고 있다.'

# 어머니의 살강

우리 집 헛간은 어머니, 당신이 감춰둔 또 하나의 가슴이었다. 일찍이 지아비를 잃은 청상과수의 희로애락을 마음 놓고 쏟아낼 수 있는 공간이었다. 또한, 역경을 이겨낼 수 있는 인내의 두레박이기도 했다. 그 공간을 내 생전에는 차마 부숴버릴 용기가 없다. 그것은 나에게는 또 하나의 마음에 거울이기 때문이다.

아직도 헛간 살강에는 어머니의 손때 묻은 물건들이 숨 쉬고 있다. 그러니까 어머니의 숨결이 고스란히 배어 있다. 벽 중턱에 소나무 널판으로 매달아 놓은 살강에는 지나간 삶의 역사가 고스란히 앉아 있다. 복福 자字가 선명한 하얀색 사기 밥사발이며 청잣빛 국사발, 크고 작은 접시, 놋쇠그릇과 수저도 세월의 더께를 입고 과묵하게 앉아있다. 그런가 하면 선친의 문방사우였던 벼루, 먹, 붓통도 가지런히 한자리를 차지하고 있다. 어디 그뿐인가 육 남매가 받아온 상장이거나 상패도 잘 정리되어 있다. 아마도 어머니 생전에는 그것들을 쓰다듬으면서 당신의 품을 떠난 남편과 아이들을 생각했으리라.

 살강 옆 창문 쪽으로는 물푸레나무로 만든 기다란 막대기가 걸려 있다. 그곳에는 발아의 기회를 엿보고 있는, 오래된 종자 봉지들이 한약방의 약봉지처럼 매달려 있다. 봉지마다 그 안에 든 씨앗의 이름이 또박또박 쓰여 있었다. 그중 누런 봉투 두어 개에는 선친의 글씨도 있었다. 살강 밑으로는 거무스름한 녹綠 꽃이 쓸쓸한, 농기구들이 나란히 줄을 서서 주인의 부름을 기다리고 있다. 항상 땀 흘릴 준비가 되어 있다는 듯이….

 생전의 어머니께서는 외로울 때나 일이 잘 풀리지 않으면, 으레 곳간 살강 밑에서 쪼그리고 앉으셨다. 콩 벌레처럼 둥글게 자신의 몸을 말고 무슨 생각을 그토록 골똘히 하시는지 한참을 계시다 나오셨다. 그러시다가 살강에 매어둔 씨앗 봉지를 쓰다듬으시곤 하셨다. 아마도 봉투에 쓰인, 빛바랜 선친의 필체筆體에서 먼저 간 남편의 숨결이라도 느끼시려는지….
 그래서 그랬는지 나도 그 안에 들어서면 왠지 포근하게 감싸는 어떤 기운으로 편안함을 느낀다. 삶이 힘들거나 형제간에 소원疏遠했던 일들도 그곳에 들어서면 모든 것이 조화로워지고 평심을 되찾을 수 있었다.
 아직도 나는 지혜롭지 못한 면이 많다. 그럴 때마다 나는, 어머니처럼 헛간 살강 밑에 쪼그리고 앉아서 급하게 발전되는 온갖 시기와 질투, 미움 등의 악감정을 토닥이며 다스린다.

그러다 보면, 가장 원시적이면서 효율적인 삶의 지혜를 건지기도 한다.

가끔 동생들이 찾아오면 일부러 곳간으로 심부름을 시킨다. 그것은, 각박한 세상살이에서 대가 없이 베풀었던 어머니의 아름다운 희생정신을 느껴보았으면 하는 바람이어서이다. 그리하여 그 참사랑을 가족은 물론, 타인에게도 나눠줄 수 있는 마음이 생성되기를 희망했기 때문이다.

곳간을 다녀온 동생들이 느끼는 감정은 각기 달랐다. 막냇동생은 "형님, 그곳에 들어갔더니 어머니의 냄새가 나는 것 같았어요. 우리 저 곳간을 가족 박물관으로 만들까요?" 내가 듣고 싶었던 말을 하는가 하면, 넷째 여동생은 그리워하는 표현이 오빠들과는 사뭇 달랐다. "큰오빠, 저것들을 왜 아직도 버리지 못하세요? 그곳에 들어갔다 나오면 어머니 생각으로 며칠간 몸살을 앓는단 말이에요." 녀석은 눈시울을 붉히며 울먹었다. 어쩌면 남동생들보다 여동생의 표현은 더욱 애절한 것 같았다. 나는 그때마다 여동생의 등을 토닥거리며 그녀의 그리움을 쓰다듬어준다.

오늘도 나는 을씨년스런 화단을 정리하기 위하여 곳간에 들렸다. 자주 열어보지 않아서 그런지 노랗게 익은 햇살이 나를 제치고 먼저 들어와 어머니의 살강위에 앉는다. 햇빛에 비친 먼지들이 마치 투명한 불꽃처럼 아른거렸다. 빛의 사각지인 오른쪽 구석에 내가 찾는 호미 서너 개가 벽을 의지 삼아 나란히 걸려있다. 녀석들도 어머니처럼 자신의 소임을 다했는지, 날이 뭉뚝하게 달아있다. 어느 따스한 봄날 나는, 호미에 피어 있는 검붉은 쇠 꽃을 바라보면서 어머니의 모습을 그려보았다. 나긋나긋한 허리를 구부려 씀바귀를 캐시던 어머니의 슬픈 희망이 떠올랐기 때문이다.

내년 봄이면 집수리를 해야 한다. 더는 차일피일 미룰 수가 없는 현실이기 때문이다. 막냇동생의 말처럼 가족박물관을 만들어야 할까? 아니면 아내의 말처럼 인제 그만 어머니를 보내드려야 하는지….

나는 하루가 스러지는 시각에 어머니의 살강 밑에 앉아서 한 횡의 짧은 문장을 떠올려 보았다. '무너져 버린 뒤에도 그리움은 늘 슬픈 아름다움을 지니고 있다.'

## 원형 춤이 멈출 때

　모항삼거리에서 고개 하나를 넘으면 어리연이 노랗게 핀 아름다운 저수지가 있다. 그 길을 따라 산 쪽으로 난 언덕배기를 이백여 미터 더 올라가면 머리에 파란색 슬레이트 지붕을 인, 허름한 집 한 채가 있다. 그 집이 바로 동창생 맹가의 사육장 겸 살림집이다. 친구의 본업은 표구사였지만, 얼마 전까지 개와 토종닭을 잡아서 판매한다. 좋게 말하면 영양탕 원자재공장 사장님이다.
　컹! 컹!
　개 짖는 소리가 요란하다. 어떤 개새끼는 우두머리가 깨물었는지 다리를 절룩거리면서도 왈! 왈! 왈! 정신없이 짖어댄다. 종자가 달라서인지 소리도 각양각색이다. 개들은 자신이 듣고 볼 수 있는 범위 안에서 통과하고 있는 모든 것들을 향해 으르렁거리며 마구 짖어대는 것 같았다. 진짜로 시끄러웠다. 서너 번을 큰 소리로 불렀는데도 대답이 없다. 내 목소리를 개들이 다 잡아먹은 것이다.

그냥 돌아갈까? 망설이다가 녀석의 전화내용이 떠올라 개소리를 헤치고 안마당으로 들어섰다.

녀석은 주문받은 황구 한 마리를 금방 잡았다며 개털 달린 손을 내밀었다.

미리 상을 봐놓았는지 안방으로 서둘러 나를 끌어들였다. 방문을 열자 개들이 죽을 때 남긴 특유의 냄새가 코끝을 스쳤다. "광견병 걸린 놈은 아니다. 식기 전에 어서 먹어라." 얼마나 삶았는지 껍데기가 흐물흐물했다. 녀석은 뒷다리 하나를 꺼무칙칙한 나무도마 위에 올려놓고 성큼성큼 칼질하면서 아내를 불렀다.

"어이, 그것 좀 가좌 봐!"

친구의 아내가 시큰둥한 표정으로 나를 향하여 고개만 까닥한다. 개에게 물렸는지 아니면 닭을 잡다가 발톱에 할퀴었는지 우리를 향하여 오만상을 찌푸렸다. 그런 그녀의 성의 없는 태도에 불만이 있었지만, 그냥 꾹! 참았다.

친구의 아내는 상표가 벗겨져 나간 대두들이 병을 쓱, 밀어 넣더니 꽝! 하고 부실한 문짝을 힘지게 닫았다. 참으로 예의가 없다고 생각했지만, 대낮부터 찾아와 술 내놓으라는 놈들도 예의 없기로는 매일반이 아닌가.

"보긴 뭘 보냐! 까치독사연마! 코 막고 그냥 쭉 들이켜 약발 받을 겨."

나는 약발이고 뭐고, 누리끼리한 색깔에다가 도저히 표현할 수 없는 묘한 냄새, 때꼽처럼 두리둥실 떠다니는 이물질을 보고는 도저히 목구멍으로 넘길 수 없을 것 같았다. 어디 그뿐인가. 친구 아내의 눈총이 아직도 눈앞에 어른거렸다.

그 때문일까? 에라 모르겠다. 얼른 잔을 비웠다. 목울대가 짜르르한 것이 그런대로 넘길 만했다. 그것도 한잔이 아닌, 여러 잔을 비웠다. 우린, 개고기와 독사 술이 궁합에 맞았는지 이성의 껍데기를 하나 둘 벗어던지고 있었다.

녀석은 술에 취하면 으레 이런 넋두리를 한다. "나는 이런 곳에 묻혀 살 사람이 아니다! 내가 하고 싶은 대로만 했으면, 지금쯤 유명한 화가가 되었을 텐데……." 친구는 연신 술잔을 비우면서 도대체 내가 왜? 사는지 그 이유를 모르겠다며 자신의 머리통을 스스로 쥐어박았다.

친구의 하소연을 들으면서 답변이 마땅치 않았다. 대신, 내가 즐겨 암송하는 알렉산드르 푸시킨의 詩 '삶이 그대를 속일지라도'를 읊어 주었다. 맑은 정신일 때보다 술이 거나해지니 마치 내가 푸슈킨이 된 듯이 행과 연이 부드럽다. 나는 친구의 눈을 바라보며 천천히 음보 따라 낭송을 했다. 녀석은 나의 마음을 읽었는지 먼 산을 바라보며 눈시울을 붉혔다. 낭송이 끝나자 친구도 자신이 유일하게 외우고 있다는, 김소월의 '산유화'를 읊기 시작했다.

산에는
꽃 피네
꽃이 피네
갈 봄 여름 없이 꽃이 피네
산에

산에

피는 꽃은

저만치 혼자서 피어있네

산에서 우는 작은 새여

꽃이 좋아 산에서

사노라

산에는 꽃이 피네

꽃이 지네

갈 봄 여름 없이

꽃이 지네

　울먹이며 시를 낭송하는 친구의 음성이 술잔 속에서 파르르 떨렸다. 가까스로 낭송을 마친 친구가 나에게 물었다.
　"너 말이여 이거 아냐? '저만치' 라는 부사는 어떠한 거리인지. 물리적 거리를 말하는 겨~ 아니면, 정신적 거리를 말하는 겨." 나는 대답하지 않았다. 답변이 궁해서만은 아니었다. 아까부터 자꾸만 눈물을 닦아내고 있었기 때문이다.
　그와 대작對酌한 지 꼭 열나흘 만에 친구의 부음訃音을 받았다. 녀석의 죽음(자살)은 우리 또래에겐 큰 충격이었다. 그도 우리처럼, 마음속으로 무엇인가 찾고 있었을 것이다. 항구적인 것, 의지할 수 있는 것, 확신이나 희망, 지속하는 정열, 안정감 등을 추구했을 것이다. 왜냐하면, 우리 나이의 마음이란 아주 불안정한 시기이기 때문이다.

유품 중에는 강아지 그림만 잔뜩 그려진 스케치북과 크고 작은 몇 자루의 붓, 그리고 '자클린의 눈물'이 스며든 낡은 음반도 한 장 있었다. 나는 스케치북을 넘기면서 가슴 뭉클한 그림 한 장을 발견하고 참았던 슬픔을 드디어 쏟아냈다. 그것은 열나흘 전에 그와 내가 술잔을 기울이던 순간을 담은, 자신은 고개를 숙이고 나는 호탕하게 웃는 그런 소묘素描였기 때문이다.

스케치북 뒷면에는 함부로 흘려 쓴 이런 글도 있었다.

    해무海霧가 대숲에서 용두질 칠 때
    복시라? 복시라! 복시리를 불렀다
    어미를 닮아선지 순 하디 순한 녀석!
    십이만 원 주머니에 넣고 대숲 머리 늙은 감나무에 목을 매달았다
    토치 불로 그슬릴 때 내 살도 오그라드는 것 같았다
    시퍼런 부엌칼로 가지를 뜨면서
    복시라, 너는 시방부터 할아버지들 살점이 되는 거
    제기랄! 지금 내가 뭔 지랄이지?

2009년도라고 적혀 있었으니 녀석이 낙향하고 2년이 더 지난해인 것 같았다.

아마도 자신이 아끼던 개를 노인정에 팔았나 보다. 평소 녀석은 말했었다. 이 세상에서 가장 거짓 없이 나를 인정해 주는 것은 견공뿐이라고. 그런 그가 돈을 마련하려고 자신을 따르던 심복 같은

개를 죽여야 했으니···.

그때부터 친구는 개털을 그슬리거나 닭 모가지를 비트는 백정이 된 것 같다.
참으로 아이러니하지만, 어쩔 수 없었을 것이다. 나는 친구의 영정을 바라보면서 희랍신화에 나오는 판도라의 상자를 떠올렸다.

나도 절망의 세월이 있었다. 그러나 나는 친구처럼 쉽게 포기하지 않았다.
비록 이 세상이 온통 고통으로 가득 찼다고 해도, 희망은 어딘가에 늘 살아 있기 때문이다. 나는 바다안개가 용두질 쳤다던 건너편 대숲을 바라보면서 어느 날 흐벅지게 웃던 친구의 모습을 그리워한다.

# 어버이날 단상斷想

　살랑살랑 봄바람이 분다. 뒷산 소나무가지들이 춤을 춘다. 가지가 흔들릴 때마다 노란색 송홧松花가루가 안개처럼 피어난다.
　4월과 5월은 풍매화인 소나무 수분受粉의 계절이다. 그렇다고 꽃가루들은 암술만 찾아다니는 것은 아니다. 바람이 닿는 곳이라면 어디라도 좋았다. 미세한 가루들은 공간과 틈새만 있으면 기어이 비집고 들어갔다.

　오늘은 여니 때보다 더욱 기승을 부리는 것 같다. 얼마나 많이 날아들던지 화단의 꽃송이들은 물론 장독대와 방안까지 노란색 가루에 잠식당할 지경이다.
　기다란 호스에 수압을 넣고 유리창부터 물을 뿌렸다. 달라붙었던 꽃가루들이 물을 타고
　노랗게 흘러내렸다. 기다렸다는 듯이 마당에 흩어졌던 송홧가

루들도 몸을 합친다.

 물줄기가 강할수록 입자들은 서로서로 손을 잡고 시위라도 하듯이 노란 띠를 두르고, 이리저리 몰려다녔다. 나는 그 모습을 바라보며 최루탄과 물대포에 맞섰던, 젊은 날에 초상을 떠올려보았다. 그래서 그런지 그것들이 밉지만은 않았다.

 호스에 수압을 줄이고 물끄러미 마당을 바라보았다. 송화가 그려놓은 모나지 않은 선들이 친근하게 보였다. 어떤 무늬는 사람의 얼굴을 닮았고, 또 다른 것은 내가 좋아하는 별자리를 닮았다. 꽃가루가 만든 무늬들은 내 생각에 따라 그 모습도 변했다. 내친김에 나는, 작달막한 막대기를 꺾어 들고 꽃가루를 물감으로 삼아, 하나 둘 그리운 얼굴들을 그려보았다. 그리면 그릴수록 눈앞이 흐릿하여 더는 그릴 수 없었다. 그래, 선산에나 가보자. 그곳에 가면 애써 그리지 않아도 될 것 같았다.

 하늘은 잔뜩 찌푸렸지만, 숲은 밝게 웃고 있었다.
 모처럼 선산 자락에 세워진 생가에 들렸다. 세월이 갈수록 당당했던 기둥은 자꾸만 기울고 있었다. 참으로 안쓰러웠다. 당장에라도 복원하고 싶은 마음이 앞섰다. 5년 전만 해도 산지기 영감님이 살고 있었다. 그분이 계실 때만 해도 집은 지금처럼 남루하지 않았다. 역시 집은 사람의 손길이 닿아야 제 모습과 기능을 발휘하는 것 같다. 영감님의 집안은 대대로 우리 선산을 관리해주신 분들이었다. 선친께서는 그런 그분께 고마움의 표시로 아무런 대가 없이 생가의 소유권을 이전하여 주셨다. 그런 선친의 결정에 누구도 이의를 달지 못했다. 이제 영감님은 돌아가시고 빈집만 남았다. 나는 폐허나 진배없는 나의 생가를 영감님의 장남에게서 다시 사들이고 싶은 마음으로 집안을 둘러보았다.

양쪽으로 문이 달린 부엌문을 열었다. 둔탁한 소리와 함께 높다란 문턱 너머로 환하게 뒤란이 열렸다. 낮은 토담 너머로 대나무 숲이 눈에 들어왔다. 길쭉하게 생긴 푸른 잎들이 서로 얼굴을 부비며 수런수런 자기들만의 언어로 이야기하는 것 같았다. 흠씬 늙어버렸지만, 나를 알아보는 것만 같았다.

다시 마당으로 나왔다. 덩그러니 마당 한가운데에 서 있는 우물에는 더는 물이 고이지 않는 것 같았다. 돌멩이를 집어넣어도 반응이 없었기 때문이다. 우물가를 돌면서 어머니의 모습을 떠올렸다. 지금 생각하면 어머니께서는 종일 우물곁을 떠나지 않으신 것 같았다. 우리들의 얼굴을 씻어준 곳도 우물가요, 먹을거리를 다듬거나 씻은 곳도, 설거지와 빨래도 모두 우물가에서 이루어졌기 때문이다. 나는 우물 아가리에 머리를 넣고 "어머니!" 하고 불러보았다. 나의 소리는 밑바닥까지 갔다가 이내 희미한 울림으로 되돌아왔다.

어머니는 유난히 꽃을 좋아하셨다. 봄, 여름, 가을, 집안에 꽃향기가 가시지 않았었다. 그러나 지금은 어디서 날아왔는지 민들레와 도깨비 풀만 무성하게 그 자리를 차지하고 있었다. 다행히 감나무와 앵두, 자두나무는 그대로 남아 있었다. 지금은 볼품없이 늙은 몸뚱이로 대문 밖만 내다보고 있지만, 한때 우리들의 성장을 위한 또 하나의 중요한 에너지공급원이었다는 사실에 코끝이 찡했다.

나는 허물어져가는 토방에 앉아 지난날을 더듬는다. 그날도 어머니날이었을 것이다. 빨간 색종이로 만든 카네이션을 달고 참 예쁘다며 내 머리를 쓰다듬어주시던 모습이 활동사진처럼 떠올랐다. 그래, 그런 것 같다. 나이가 들어가면 갈수록 장기기억장치에 숨겨두었던 그리움의 조각들은 자동으로 풀리는 것 같다.

오늘은 어버이날이다. 나는 카네이션 대신으로 하얀 조팝꽃과 보라색 등꽃을 꺾어 들고 선산에 올랐다. 가슴속에서라도 부모님을 만나기 위해서이다. 봉분을 쓰다듬으면서 그리운 두 분의 모습을 떠올려 보았다. 아버지는 무척 엄하셨다. 특히 밥상머리에서 제멋대로인 자식들에게 오냐오냐하시지 않았다. 밥풀은 한 알이라도 흘리면 안 되었고, 반찬을 집을 때에도 뒤적거리는 것을 용납하시지 않았다. 어디 그뿐이었던가? 문지방에 앉지 마라, 밥을 먹을 땐 소리를 내지 마라, 어른에게 말대꾸하지 마라! 이렇듯 '하지 마라'던 아버지의 말씀은 구약성경에서 언급한 365가지보다 더 많았던 것 같다. 이제 와 생각하면, 그 모든 것은 우리에게 심어준 그리움의 씨앗이었다. 반면, 어머니는 언제나 우리 편이었다. 남자는 부엌에 들어가면 안 된다는, 할머니의 엄명에도 호기심 많은 나에게만은 살그머니 들어오라 손짓하셨다.

어느 겨울날에는 생솔가지와 젖은 장작에 불붙이는 요령도 가르쳐 주셨다. 그뿐인가 가장 궁금했던, 취사용품들에 얽힌 재미있는 이야기들도 들려주셨다.

그중에서 아직도 생생하게 기억하고 있는 것은 무쇠솥에 밥 짓는 요령이다. 어떻게 해야 윤기가 자르르 흐르면서 맛있는 밥을 만들 수 있을까? 그것이 제일 알고 싶었다. 그런 나의 호기심에 인자하신 웃음과 함께 이렇게 말씀하셨다. "그것은 말이다. 무엇보다 불질을 잘해야 한다. 너무 괄거나 끄느름해도 안 된단다. 부글부글 끓이다가도 활활 타오르는 불기를 얼른 다독여 다스릴 수 있어야 한다. 그러기에 사람도 매사 서두르지 말아야, 제대로 된 밥처럼 윤기가 흐르는 것이란다." 지금도 나는, 그분의 말씀 속에 스며든 윤기 흐르는 진리를 잊을 수 없다. 아, 그립다. 선친의 불호령도 듣고 싶고, 어머니의 함박꽃 같던 웃음도 보고 싶다.

어버이날을 맞이했지만, 꽃을 달아 드릴 부모님께서 안 계시다. 그렇다고 두 분 생존 시 매년 꽃을 달아드리지도 못했다. '어머니날'로 제정된 1956년에는 내 나이 여섯 살이었고 '어버이날'로 변경된 1973년에는 성인이었다. 하지만 당시 각박했던 나의 현실은 생각을 실천으로 옮길 수 없게 방해했었다. 그렇다고 그 시간을 원망하지 않는다. 다만, 마음 한편에 서운함으로 남아 있는 것은 사실이다.

지금은 내가 그분들의 자리를 차지하고 있다. 그렇다면 나는,

자식들에게서 어떤 그리움을 심어 주었을까? 한동안 나는 바쁘다는 이유로 아이들과 함께한 시간이 많지 않았다. 그저 필요를 충족시키기에 급급했을 뿐이다. 그 때문에 나는, 나의 아버지처럼 '하지 마라!'에 담긴 참다운 그리움을 심어주지 못했다. 이 또한 아이들에 대한 나의 아쉬움이다.

전화벨이 요란하게 울린다.

"아버지! 접니다. 어디 다녀오셨어요? 새벽부터 전화했었어요. 건강하시고 오래오래 사세요. 꽃을 달아드리지 못해서 죄송합니다. 대신 메일을 열어보세요. 근사한 꽃다발을 보냈거든요." 큰아들의 전화다. 나는 그 애의 말이 다 끝나기도 전에 서둘러 이렇게 말했다.

"오냐, 고맙다. 꽃은 무슨 놈의 꽃! 어미, 아비는 걱정하지 말고 너희나 잘살아라."

전화를 끊고 녀석의 말대로 메일을 확인하여 보았다. 정말 꽃다발이 한 아름, 그것도 금가룬지 은가룬지 화면 가득 번쩍번쩍 빛나고 있었다. 화려한 그림을 보면서 나도 모르게 잔잔한 슬픔이 찾아들었다. 아마도 녀석을 만져보고 싶은 어떤 그리움 때문이겠지…….

# 호박꽃 단상斷想

"심심할 때 드세요."

잠시 책 읽기를 멈추고 아내가 올려놓은 청잣빛 보시기를 들여다보았다.

그릇 안에는 간밤 내내 돋보기를 쓰고 껍질을 벗겼던 납작한 호박씨들이 차곡차곡 담겨 있었다. 작년 가을, 볕 좋은 어느 날에 말려두었든 것이리라.

"x구멍으로 호박씨나 까란 말이야?"

아내는 그런 나의 농담에도 언제나처럼 밝은 웃음으로 "어젯밤 제가 다 깠는걸요."라고 화답을 잊지 않았다.

나는 초록빛이 은은하게 배여 있는 둥글납작한 씨앗 하나를 손가락으로 들어 올리면서 문득, 햇볕 따습던 유년의 뜰을 떠올렸다. "호박꽃도 꽃이냐? 어릴 때 사촌 누나들끼리 서로 호박꽃이라며 놀리던 말들이다. 당시만 해도 마당이나 밭둑 아니면 뒤란 울타리 밑에는 호박꽃이 지천으로 피어 있었다. 대가 긴 수꽃과 키 작은 암꽃 사이로 꿀벌들이 윙윙 날개를 치며 황금색 꽃 속에서 꿀을 찾던 모습이 아직도 눈에 선하다. 당시에도 나는, 저토록 아름다운 꽃을 왜 못생긴 여자로 비유하는지 그것이 궁금하였다.

호박은 우리들의 식탁에서 사시사철 흔하게 볼 수 있었고 그 음식들은 다른 음식에 비하여 그다지 맛깔스럽지 못해서 그랬는지 호박을 천시하는 경향도 없지 않았다. 그 때문에 어린 우리도 호박꽃이 갖고 있는 깊은 속내도 모른 채 그저 구전되는 말을 인용하였던 것이다.

'호박이 넝쿨 채 굴러 들어왔다.'
흔히 우연한 횡재가 있을 때 어른들은 이런 말을 자주 사용하셨다. 정말이지 호박이야말로 넝쿨에서 열매까지 모두 인간에게 유익한 식물이 아닐 수 없다. 음식만 하여도 그리움에 젖은, 향토적인 것들이 얼마나 많은가?

꿀단지, 경단, 죽, 식혜, 쨈, 양정, 정과, 장아찌, 전, 떡, 엿 등등 이외에도 얼마든지 많이 있다. 나는 그런 이름들을 떠올릴 때마다 돌아가신 어머니의 미소가 그립다. 어머니의 음식 맛은 남달랐다. 특히 호박을 재료로 한 갖은 음식들을 잘 만드신 것으로 기억한다. 그중에서도 호박과 무청을 능쟁이 젓국에 알맞게 익힌, '호박

계국지'가 마을에서도 인기였다. 그 독특한 맛이란······.

작년, 겨울여행 길에는 아내와 함께 안동시 길안면이란 마을을 들리게 되었다.
그곳은 도수 터널 공사관계로 유럽기술자와 함께 3년 동안 하숙을 하였던 곳이다. 회사생활 중 자연과 가장 가깝게 지낼 수 있었던, 때 묻지 않은 곳이었다. 그래서 그런지 그곳에는 아름답고 소중한 시간이 녹아 있는, 잊을 수 없는 마을이다.

사과밭 안에 'ㄱ'자 모양으로 지어진, 아담한 한옥이다. 봄이면 사과 꽃향기가 갈급한 하루의 영혼을 달래주었다. 여름이오면 길안천에 흐르는 청정한 물에서 동네 아이들과 어울려 물고기를 잡았고, 가을이 돌아오면 평상에 누워 높은 하늘과 뭉게구름 사이로 유영하는 고추잠자리의 유희를 바라보며 독서삼매경에 빠졌었다. 특히 겨울에는 직원들과 어울려 산토끼를 잡거나 얼음낚시를 즐겼던 곳이다. 그 때문인지 남쪽을 향한 여행길에는 잊지 않고 꼭 들리는 곳이다.

우리 부부가 찾아갔을 때 하숙집 주인 아주머니께서는 팔순을 넘기신 나이였다. 하지만 연세보다 정정하셨다. 그분은 이내 우리를 알아보셨다. 마침 호박죽을 끓이고 계시던 할머니께서는 따끈하고 부드러운 황금빛 죽사발을 우리 앞에 내놓으시며 어머니처럼 인자하게 웃으셨다. 아내와 나는, 달착지근한 호박죽을 떠먹으면서 잠시 지나간 하숙생활을 회상해보았다.

외양간 옆 허름한 움막 안으로 수북하게 쌓인 늙은 호박덩이, 칡넝쿨에 잘 묶인 호박 꼬지, 주렁주렁 처마 밑에 곶감, 세월이 지났지만, 그때의 정경은 퇴색하지 않았다.

올해에는 우리 집 뒤란에도 노란색 호박꽃이 피었다. 큼직한 초록 잎사귀 사이로 넉넉하다 못해 소박한 웃음으로 우리 부부를 반겼다. 아침 햇빛을 받은 호박꽃은 마치 황금으로 만든 왕관을 쓴 것 같이 기품이 있었다.

여덟 포기의 연한 줄기들은 덩굴손을 뻗어 야금야금 소나무 숲을 점령하고 있었다. 나는 조심스럽게 앉아서 솜털이 보송보송한 줄기를 살그머니 만져보았다. 말랑말랑한 것으로 보아 필경 속을 비워두고 있는 것 같았다. 피리처럼 자신의 가슴속을 비워둔 것이다. 필경 무슨 연유가 있을 것만 같았다. 그런 생각을 하다 보니 호박넝쿨이 일제히 일어서서 오보에나 플루트처럼 맑은소리로 연주하는 것만 같았다.

모종을 옮겨 심을 때 우린 걱정을 했었다. 우선 광합성을 방해하는 우거진 소나무 숲과 거름이 없는 맨송맨송한 모래땅이기 때문이다. 하지만 아내와 나는 번갈아 가면서 그들을 돌보아주었다. 음식물을 발효시켜 비료를 대신했거나, 가뭄이 극심할수록 더욱 열심히 물을 주었다. 그러한 우리들의 노력은 곧바로 씩씩하게 뻗은 호박넝쿨이 그것을 방증하고 있었다. 아내와 나는 서로 바라보며 흐뭇하게 웃었다.

"여보 어떤 녀석들이 가장 튼실한 열매를 맺을까?" 기대에 찬 나의 말에 아내는 일침을 놓았다. "녀석들이 듣겠어요. 벌써 웬 욕심! 그냥 자연에 맡기는 것이 상책이지요. 우리는 그저 할 수 있는 배려에 최선을 다하면 될 것 같아요."

아내는 그렇게 말했지만, 솔직히 나는 기대가 컸다.

녀석들의 푸른 기상을 바라보며 줄기마다 매달릴 천진스런 애호박을 떠올렸다. 아삭아삭 씹히던 고소한 애호박 부침개가 생각났기 때문이다. 바닥이 도톰한 프라이팬에 들기름을 칠하고 밀가루로 옷을 입힌 그 부침개 말이다. 어디 그뿐인가, 아름답게 늙은 호박 몇 덩어리는 남겨 두어야겠다. 그리하여, 함박눈이 펄펄 내리는 어느 겨울날, 이웃들과 둘러앉아 내리는 눈(雪)의 열기처럼 삶은 결코 낙서 같지 않다는 이야기도 들려주어야겠다. 이 또한 행복의 척도에서 제외될 수 없는 삶의 향기가 아닌가.

그래, 그렇게 살자!

호박꽃처럼 뽐내지 않고, 호박처럼 둥글둥글 모나지 않게, 호박잎처럼 넓게 더 넓게 포용하며, 호박 줄기처럼 멀리멀리, 인정을 베풀며 살아야겠다.

사랑은 긂이나 관념이나 추상이 아닌 실제의 행동이나
구체적인 표현을 통해 확인되는 것이다.

겨울밤의 간식
행운목과 女心
눈이 내리면

최영옥 작가 약력

시인 수필가, 경북 경주 출생
계간문학세상 시 등단, 한국예총예술세계 수필 등단
한국문인협회회원, 동작문인협회회원, 예술시대작가회원,
現 YMCA흰돌종합사회복지관 한글교사
제 1시집 『사람아 사람아』(2007푸른사상)
제 2시집 『바람의 이름』(2010 푸른사상)
e mail : ogi1026@naver.com

〈살고 죽는 것은 하늘의 이치에 달렸다고 한다. 무릇 생명 있는 것들. 사람이나 식물이나 짐승이나 매한가지 아니겠는가. 사람들의 관심 밖으로 내던져진 행운목이었다. 이를 외면하지 않은 그녀의 따뜻한 가슴이 푸른 생명을 연장했다. 그뿐만 아니라 10여 년만에 아름다운 꽃을 피우게 한 것이다. 행운을 가져다주는 나무라 하여 행운목이라고 하니 우리 모두 행운목 한 그루씩 키워 볼 일이다. 날마다 푸르른 잎들과 마음을 나누며 정성으로 키워 볼 일이다. 설령 꽃이 피지 않은들 어떠랴.〉

오늘 밤에는 무를 긁어먹어 봐야겠다. 냉장고에 시원하게 보관된 무에서 유년시절의 달고 시원했던 그 맛을 느낄 수 있을지 모르겠지만 말이다.

## 겨울밤의 간식

　산골의 겨울밤은 초저녁부터 한밤과도 같은 적요와 어둠에 침몰하여 버렸다. 차갑고 건조한 겨울바람에 '스르륵' 마당의 낙엽 구르는 소리가 을씨년스럽고, 고양이의 간헐적인 울음소리가 바람 소리에 섞여 들려오기도 했다. 뒷산에서 삭정이 부러지는 소리가 '딱' 하고 들려오는 스산한 겨울밤, 우리 형제들은 아랫목에 깔아놓은 따뜻한 이불 속으로 다투어 파고들곤 했다. 이불 속에 발을 넣고 계시던 할머니께서 말씀하셨다.
　"무 좀 꺼내 오너라" 어머니는 대답 대신 손전등을 찾아들고 뒤꼍 무구덩이로 나가셨다. 초겨울에 김장하고 남은 무를 제법 많이 묻어놓았다. 무는 겨우내 반찬으로도 아주 좋았지만 먹을 것이 없던 긴 겨울밤의 훌륭한 간식이 되기에 부족함이 없었다. 나는 내복 바람으로 양재기를 든 채 어머니의 뒤를 따랐다. 무 구덩이에 박힌 짚으로 된 마개를 쑥 빼고 어머니는 팔을 구멍 안으로 깊이 밀어 넣으셨다. 드디어 어머니의 흙 묻은 손에 무 하나가 들려올라왔다. 서너 개의 무를 꺼내고 어머니는 마개로 구멍을 막았다. 그리고 벌거벗은 무구덩이 위에 걷어 냈던 거적을 다시 올려놓았다.

어머니는 부엌에서 말갛게 씻은 무와 칼, 그리고 숟갈을 준비하여 방안으로 들어오셨다. 무가 든 양재기를 할머니 앞에 내려놓자 할머니는 무를 세로로 길게 동강 내셨다. 길쭉한 무를 왼손에 받쳐 들고 숟갈로 무를 긁기 시작했다. 무를 든 할머니의 손가락 사이로 물이 흘러내렸다. 할머니는 아랑곳하지 않고 넓적한 놋숟가락에 갈려진 무가 수북이 모이자 "누가 먼저 먹을래?" 하시며 우리를 둘러보셨다. 아. 그 달고 시원한 맛을 어디에 비할 수 있을까. 달콤한 아이스크림의 맛도 아닌 시원하고 단맛이 아주 연하던 그 맛은 가미되지 않은 천연의 맛이었다. 우리 형제들은 제비 새끼가 어미의 먹이를 받아먹듯 순서를 기다려 입을 짝짝 벌렸다. 간식거리가 따로 없었든 정말로 가난했던 시절이었다. 그 시절의 간식으로 너무나 훌륭했던 겨울밤의 무. 내복을 입은 채 가지런히 입을 벌려 순서를 기다리던 제비 새끼 같던 우리 형제들…. 그리운 풍경을 눈앞에 그리노라니 괜히 눈시울이 더워 온다.

눈이라도 수북이 쌓인 날은 입구를 막아놓은 마개주위의 눈부터 걷어내야 했다. 그런 다음 마개를 빼고 구멍 속으로 팔을 한껏 밀어 넣은 채 무를 집어야 했다. 긴 겨울이 끝나 갈 무렵이면 구덩이 안에는 무가 몇 개 남지 않는다. 그럴 땐 얼굴이 벌개진 채 팔이 아프도록 밀어 넣고 무를 찾아 이리저리 손 헤엄을 쳐야 했다. 어렵게 무를 꺼내 보면 연두색 여린 싹이 나 있었다. 싹이 난 부분을 싹둑 베어 물이 든 접시에 담아 책상에 올려놓으면 보기 좋았다. 무는 썰어서 된장찌개에 넣기도 하고 채를 썰어 갖은 양념을 넣고 무쳐 먹기도 했다. 어린 시절 어머니가 해주시던 무 채 맛은 지금도 그립기만 하다. 조미료가 들어가지 않아도 맛있었던 것은 아마도 어머니의 손맛이 있어 그랬던 것 같다. 무채를 잘 써시던 어머니는 고인이 되신 지 오래고 아들네, 딸네로 무를 날라 주시던 아버지도 작년 여름에 먼 길을 떠나셨다.

 오늘 밤에는 무를 긁어먹어 봐야겠다. 냉장고에 시원하게 보관된 무에서 유년시절의 달고 시원했던 그 맛을 느낄 수 있을지 모르겠지만 말이다.

## 행운목과 女心

팔월의 땡볕은 아스팔트를 끈적이게 할 만큼 뜨겁다. 여섯 살배기 아들의 손을 잡고 길을 가던 그녀의 눈을 끈 것이 있었다. 어느 화원 앞의 행운목 한그루였다. 병든 행운목이라 주인으로부터 버려진 것 같았다. 그런데 얼핏 보니 길쭉한 행운목의 허리쯤 새순이 돋아나 있었다. 갓 피어난 잎이 목 한 번 축이지 못하고 죽어 가고 있었던 것이다.

"저것이 사람이라면 얼마나 목이 마를까?" 측은지심이 발동한 그녀는 어린 순을 떼어 햇살이 닿지 않게 손으로 그늘을 만들어 주었다. 집으로 돌아와 물을 채운 플라스틱 용기에 담가 두었다. 이튿날 아침에 보니 시들어 가던 잎이 싱싱하게 살아나고 있는 것이 아닌가. 신이 난 그녀는 날마다 물을 갈아 주며 보살폈다. 한 달이 지나자 잎의 밑둥치에서 허연 잔뿌리가 수없이 돋아났다. 그녀는 정성 어린 마음으로 빈 화분에 옮겨 심었다. 그리고 자주 물을 주고 잎을 닦아 주었다.

"고맙구나. 흙에서도 깊이 뿌리 내리고 잘 자라 주렴. 튼튼하게 자라서 귀한 꽃도 피워 보려무나." 그녀의 지극한 정성에 감동한 걸까? 행운목은 튼실한 뿌리를 내렸다. 그리고 부드럽던 연녹색의 줄기는 거칠고 딱딱한 표피를 자랑하며 우툴두툴한 나무로 변해 갔다. 무릇 생명이란 참 신기한 일이었다. 시들어 가던 행운목의 작은 줄기가 수분을 섭취하며 자라더니 한 그루 의젓한 나무로 변하고 옥수수 잎처럼 크고 짙푸른 잎들은 싱그럽기 그지없었다. 행운목이 자라듯 그녀의 아들도 건강하게 잘 자라 주었다. 여섯 살배기 꼬마였던 소년이 초등학교를 졸업하고 중학생이 되고 고등학교를 졸업하였다. 그리고 자신이 원하는 대학에 당당하게 들어갔다. 남자아이들 특유의 이렇다 할 말썽 한 번 없이 모범생으로 잘 자라 주었고 공부 또한 잘해 주었다.

그 무렵 그녀는 아들이 엄마의 손길이 필요하지 않을 만큼 자랐다는 생각에 평소 꿈꾸어 오던 작은 사업에 손을 대기로 했다. 남녀 속옷과 화장품을 취급하는 매장을 지인으로부터 넘겨받은 것이었다. 내성적이며 사업경험도 없었지만 잘 되리라는 예감만 믿고 용감하게 뛰어들었다. 처음엔 모든 것이 서툴러 힘이 들었다. 대도시로 물건을 하러 가는 일이나 고객을 관리하는 일, 그리고 섬주에게 매달 얼마씩을 입금하는 일 등등 여간 신경 쓰이는 일이 아니었다. 일에만 매달렸기 때문에 그녀의 체중은 많이 줄어들었다. 아내의 몸이 눈에 띄게 축이 나자 남편은 "서방님 벌어 주는 돈으로 편안하게 생활하면 될 것을 사서 고생하냐?"고 빈정거렸다. 남편의 곱지 않은 시선에 개의치 않고 묵묵히 열정을 쏟았다. 1년여의 세월이 흐르자 불안하던 가게는 자리가 잡혔다. 물건을 하러 가는 일이나, 손님을 대하는 일에 이제 제법 티가 나기 시작하였다. 매장을 찾는 손님의 기호를 파악하여 정성을 다하는 자신의 세련되고 친절한 상술에 스스로 흡족한 웃음을 띠기도 하였다.

어느 날이었다. 근무를 마치고 지친 몸으로 돌아와 아파트 문을 열었다. 평소에는 맡아지지 않던 그윽한 향이 거실 가득 들어차 있었다. 어디로부터 날아오는 걸까? 향기의 진원지를 찾아보니 베란다였다. 아!! 세상에~~베란다에서 놀라운 풍경을 목격하고 말았다. 행운목이 꽃을 피운 것이다. 한참 동안을 아름다운 풍경에 넋을 놓고 있던 그녀는 핸드폰으로 사진을 찍었다. 그리고 서울의 친구에게 향기도 전해졌으면 좋으련만…. 이라는 메모와 함께 문자를 보내놓고 행복했다. 정말로 그윽하고 귀한 향기가 친구에게도 전해지기를 바라는 마음으로. 행운목 한 토막을 접시 물에 담가 놓고 기르는 사람들이 많은데 쉬이 썩거나 순이 마르는 경우가 많아 분갈이도 해 보지 못하고 버리는 수가 많다. 그래서 사람들은 행운목 기르기를 어려워한다. 더구나 행운목은 꽃을 좀처럼 피우지 않는다고 한다. 이런 까닭에 사람들은 행운목이 꽃을 피우면 정말 행운이 찾아오기라도 한 것처럼 기뻐한다. 그리고 행운을 기다리는 은근한 마음이 되는 것이다. 그 꽃의 향기가 실의에 빠진 우리 이웃들에게 웃음을 찾아 주었으면 좋겠다. 힘겨운 상황에 처한 사람들에게 행운목의 새순처럼 희망이 싹 텄으면 좋겠다. 그리하여 그 희망이 그의 가족들에게 웃음과 행운을 안겨다 주면 얼마나 좋으랴. 여드름 많은 여고생의 얼굴에 함박웃음이, 자나 깨나 아들의 사업이 잘되기를 염원하는 주름투성이 할머니 얼굴엔 흡족한 미소가, 집안의 잔살림에 노심초사하는 아내의 가슴에도 작은 희망이…. 이렇게 세상이 희망으로 출렁거렸으면 좋겠다.

살고 죽는 것은 하늘의 이치에 달렸다고 한다. 무릇 생명 있는 것들. 사람이나 식물이나 짐승이나 매한가지 아니겠는가. 사람들의 관심 밖으로 내던져진 행운목이었다. 이를 외면하지 않은 그녀의 따뜻한 가슴이 푸른 생명을 연장했다. 그뿐만 아니라 10여 년 만에 아름다운 꽃을 피우게 한 것이다. 행운을 가져다주는 나무라 하여 행운목이라고 하니 우리 모두 행운목 한 그루씩 키워 볼 일이다. 날마다 푸르른 잎들과 마음을 나누며 정성으로 키워 볼 일이다. 설령 꽃이 피지 않은들 어떠랴. 행운목이 담긴 그릇에 물이 마를 새라 부족한 수분을 채워주는 일, 날마다 젖은 헝겊으로 싱그러운 잎을 닦아 주는 일만으로도 충분히 행복하고 즐거워질 수 있을 테니 말이다. 문득 가슴 속으로 따뜻한 바람 한 자락이 지나간다.

## 눈이 내리면

아침부터 낮게 찌푸린 하늘은 눈을 내려 주려고 말하는 듯했다. 예감처럼 함박눈의 춤사위가 시작되더니 시야가 온통 부옇다. 주먹 눈이라는 어느 시인의 표현이 참 잘 어울린다. 펑펑 쏟아진 눈들은 지상의 모습들을 감추기에 충분했다. 산에도 길에도 행인들의 어깨와 머리에도 하얗게 내려앉았다. 주차된 승용차들은 눈을 얹은 채 침묵하고 있다. 눈은 싫어하는 곳이 없다. 눈은 공평하여 한 곳에만 내리지 않는다. 애써 가리거나 피하지 않는다. 자신의 몸이 닿을 수 있는 곳이면 어디든지 살짝 옷깃을 부려 놓는다. 두 손을 벌려 커다란 눈송이 하나를 받아 보았다. 금방 녹아 버린다. 나뭇잎 위에 지금 막 내려앉은 눈송이를 들여다보았다. 육각의 결정체가 아름답게 빛난다. 그 작은 눈송이 안에 유년의 나와 동생이 눈싸움하는 모습이 보인다. 누나야! 부르는 동생의 어린 음성도 들려온다.

'아따. 눈이 많이도 내렸구나.'

식어가는 아랫목에서 뒹굴 거리고 있던 참이었다. 밖에서 들려오는 아버지의 목소리에 이부자리를 박차고 일어났다. 덩달아 잠이 깬 남동생도 어디 어디? 하면서 목소리를 높인다.

방문을 열어젖히자 하얀 세상이 두 눈 가득 들어 왔다. 얼굴에 닿는 공기는 눈빛만큼이나 차가웠다. 따스한 이부자리의 여운이 남은 뺨을 화들짝 놀라게 했다. 눈가루가 살풋 쌓인 툇마루에 참새들이 앙증맞은 발자국을 찍어 놓았다. 댓돌에 얌전히 놓인 아버지의 털신에도 동생과 나의 운동화에도 눈이 소복이 쌓여 있다. 내복 바람으로 뛰어나가려는데 아버지는 걱정 어린 핀잔을 주셨다.

"감기 들면 우짤라고? 야들아. 옷 입고 나가거라!"

아버지는 발목이 푹푹 빠지는 마당에서 눈을 치고 계셨다. 마당 한가운데로 좁은 길을 내셨다. 양옆으로 쌓인 커다란 눈 무더기는 봄이 올 때까지 날마다 조금씩 몸집을 줄이다 필경엔 모습을 보이지 않을 거다.

동생과 나는 대문을 열고 나갔다. 집 바로 앞에 넓은 밭이 있었다. 온통 눈으로 덮인 밭은 신기하게도 한층 더 넓어 보였다. 아침 햇살에 반사된 설경은 그야말로 눈부셨다. 경이로운 풍경에 탄성을 지르던 동생이 눈밭에 벌렁 드러누웠다. 그리고 눈밭에 찍힌 형상이 이지러지지 않게 땅을 짚지 않은 자세를 하고는 가까스로 일어났다.

"누나야. 내 사진 잘 나왔제, 멋지제?"

우리는 그렇게 자신의 모습을 눈밭에 찍어 보면서 신바람이 났다. 손가락 사진, 몸 사진 등의 사진 찍기 놀이가 싫증이 나면 눈사람을 만들었다. 양손으로 주먹만 한 눈을 뭉쳐 눈밭에 데굴데굴 굴리면 금방 축구공만해지더니 크기는 자꾸 불어났다. 내가 만든 커다란 것을 몸통으로 하고 동생이 만든 작은 것을 몸통 위에 올려놓으니 눈사람 모양이 만들어졌다. 그 다음엔 눈썹과 코, 입을 만들 순서다. 눈썹 길이만큼 나뭇가지를 꺾어 붙였다. 이어서 코를 만들고 입술을 만들어 부치니 멋진 눈사람이 되었다. 동생과 나는 조심하며 마당으로 옮겼다. 부엌에서 아침 준비로 분주하던 엄마는 "손 안 시럽나? 밥 묵으러 들어가자. 그 눈사람 참말로 사람하고 똑 같구나."라고 웃으며 말씀하셨다. 옹기종기 밥상에 둘러앉아 빨갛게 언 두 손으로 밥그릇을 감쌌다. 약간 뜨거운 듯 전해지던 온기는 얼마나 행복하였던가. 밥을 먹은 후 동생과 장독대로 갔다. 준비해 간 밥공기에 소복이 쌓인 눈을 몇 숟가락 퍼 담았다. 설탕을 섞어 비비면 빙수가 되는 것이다. 삶은 팥을 끼얹기만 한다면 요즘 우리가 먹는 팥빙수가 되었을 것이다. 유년시절의 눈 내리는 날은 재미난 일들이 참 많았다. 어른이 된 지금도 눈이 내리면 그 시절의 추억을 떠올리게 된다. 그리고 가슴 한 켠이 그리움으로 채워지면서 입가엔 빙그레 미소가 떠오르는 것이다.

우리 집 뒷산에도 눈이 탐스럽게 쌓였을까. 바람이 불 때마다 서로의 몸을 부비며 수런대던 댓잎에도 하얀 눈이 쌓였으리라. 사철 푸른 소나무들…. 키 작은 소나무, 혹은 기형으로 구부러진 솔

가지들 위로도 탐스러운 눈꽃이 피었으려나. 제 무게 못 이겨 '딱' 하는 솔가지 부러지는 소리에 부엉이의 큰 눈이 더 커졌으려나.

눈밭을 조심조심 걸었다. 문득 뒤를 돌아보았다. 소리 없는 발자국이 나를 따라오고 있었다. 또박또박 찍힌 발자국 위에 눈이 얹히고 나는 앞만 보며 천천히 걷는다. 눈 내리는 날은 아득한 그리움 하나 발효를 시작한다. 머언 유년의 그리움, 혹은 젊은 날의 어떤 추억의 재현 같은 멋진 로맨스를 기대하는지도 모른다. 공연히 알 수 없는 어떤 일렁임이 가슴 가득 채워지는?이것! 아. 무슨 의미일까 사르락사르락 눈내리는 소리 이리 정겨운데 말이다.

끈기는 자신의 입장을 굽히지 않는 것이다. 절대로 포기하지 말라. 이것은 자신과의 약속을 지키는 동시에 말과 행동을 일치시키는 것이다.

누구의 죄냐
명암의 사각지대
바람 편지

### 정정인 작가 약력

국제펜클럽 회원
한국문인협회 회원
크리스천비전 신문 편집고문
영랑 문학상
국제예술협회 수필문학상
국제펜클럽 수필문학상

시집: 『걸어 다니는 언약』, 『물방울 기르기』
전자우편: muninj@hanmail.net

〈소유한 조건이 폭력이 될까 삼갈 줄 아는 원숙함과 피조물의 평등이라는 천륜적 지각을 지닌 사람들로 세상이 가득했으면 좋겠어요. 그러면 나도 맥없이 광야나 떠돌다가 내 존재 확인시키느라 폭풍우나 몰고 오지는 않을 거예요.

색깔 없어도 산들산들 나뭇잎 압착도 풀어 주고, 지열도 식혀주고, 저 고운 이들의 창가를 기웃대며 살랑살랑 열심히 내 일을 해낼 수 있을지도 몰라요. 내가 얼마나 소중한 일을 하고 있는지 알아주는 사람들이 있는 한 지상에선 보람 없는 일이란 없으니까요.〉

불가항력의 일도 아닌 인류의 과제, 모두가 같이하는 숙제에서 미숙아처럼 이탈해 방종하다가 괴멸된 U씨네 가정이 자꾸 깊은 사고 속으로 끌고 간다.

## 누구의 죄냐

아내와 자식들 봉양하며 열심히 사느라 혼백의 반은 저승으로 이주한 오십 대 끝줄의 U씨가 핑크빛 무대를 개설했다.

수맥마저 차단되어 버릴 것 같은 초조한 그림자를 드리우며 사박사박 말라가는 가지, 언제가 좋은 날들이었는지도 모른 채 초하의 청과 같던 젊음 스러지고, 어찌 피다 진 것인지 헤아려 볼 겨를도 없었는데 검은 머리 백발 되는가 싶더니 어느 날 얼핏 거울 속에서 고목이 된 자기를 보았다.

U씨는 자신을 그렇게 만든 주역이 아내라고 생각했다.

자식들 가르치고 키우면서 어찌 경제에 긴장하지 않을 수 있을까 만은 나름으로 열심히 벌어다 주었고 아내도 벌어 그리 아사할 지경은 아니었는데 그래야 집안이 튼실해진다고 생각했는가. 날마다 파산되는 것 같은 초조감 불어넣기, 비일비재한 아내의 살벌한 언어 접힌 미간은 협박이자 숨 막히는 형틀이었다.

어쩌다 하는 외식도 값싸고 꾸역꾸역 많이 먹는 것만 택했다. 궁상떨기 불치병에 걸렸는지 의복 하나도 남자를 고려하기보다 돈 적은 것으로 사다 가 같이 입고, 세일 식품 상자에 거꾸로 박히면서 왜 또 남편은 굳이 옆에다 세워 두는가. 주일마다 엉덩이를 허공에 뻗치고 산발이 되는 아내에게서 무능한 가장임을 공표 받으며 U씨의 고개는 지하로 떨어지곤 했다. 한국에서는 교사였으나 미국에 이민 와서 노동자로 전락한 분노일까. 타국이 가중시킨 불안 때문일까. 아내는 20년간을 물 뿌려 휘휘 털면 언제나 동일해지는 뽀글머리로 살았다. 그런 아내에게 이런저런 헤어스타일을 주문해 보던 날 "누구 보라고" 그 단 마디는 U씨 존재에 대한 너무도 명확한 확정이었다.

그랬다. 가족부양 책임 제1순위, 삼 남매의 아비일 뿐 U씨는 남자가 아니었다. 실종된 존재 '나는 어디로 갔느냐. 내 인생 이렇게 종장일 수는 없느니' 회의감이 분노의 마그마를 강타하던 날 그들 부부 사이에는 대 화산이 폭발했고 U씨는 자칭 회춘의 봄 속으로 이탈해버렸다.

그것은 그가 유독 부도덕해서라기보다 슬픈 인간의 늙음에 대한 본능적 거부, 자신을 이쯤에라도 매어놓고 싶은 즉흥적 여망, 어쩌면 사망에 대하여 세상에 보전되고 싶은 가여운 피조물의 저항인지도 몰랐다.

그러나 아내가 자신보다 훨씬 더 존재를 포기했음으로 가정이 존속되어 온 명백한 기록만은 삭제하지 말았어야 했다. 부부란 생존 전선에 배치된 부동의 측은한 전우인 것을 왜 망각했을까.

성숙한 연애 실현이 가능하게 철든 나이인 것이 다행이다 여기
며 U씨는 줄리엣을 만났다. 삼십 중반에 아담하고 인물 고운 P여
인은 보험관계로 U씨 부인과도 잘 아는 사이였다. 남편과 별거 중
인 그녀는 초등학생인 아들과 살았다.

작심한 U씨의 날개 펴고 맴돌기 작전 한 달 만에 P여인의 동공
에 하트가 창출되었다. 수년을 보아왔던 성질 까칠해보이는 이 중
개사가 이리도 섬세하고 배려 멋진 남자였던가. 하늘이 정해준 운
명적 인연이라는 맹랑한 조인식으로부터 그들의 불놀이는 시작되
었다.

저녁 일곱 시 이후에는 함께 있지 않은 원칙을 정했다. 사는 거
처에는 절대 가지 않기로 했고, 둘만의 전화기도 만들었으나 문자
같은 흔적은 남기지 않았다. 밀회는 점점 잦아졌고 숨김은 나름대
로 치밀했다.

저들은 자신들의 행위를 죽도록 사랑하는 사이로 미화했다. 불
륜이라 해도 논죄가 권능을 잃는 사랑, 진정 불사불멸의 사랑이라
면 신도 어쩌지 못할 일이 아닌가.

그러나 자기 가정에 휘둘려 이미 넋 거틸 난 사람에게 내게도
애정 좀 나누어 달라는 유치한 구걸, 상대가 하는 만큼 감정의 수
위가 유동하는 변덕, 애정도 동냥으로만 교환하는 바닥 보이는 치
사한 거래, 아내의 전화에 물고 있던 갈비를 놓고 부리나케 달려
가는 비열하고 이기적인 자기 안녕 추구, 별거 중인 남편 전화에
애인 입 막아 놓고 바치는 충정의 대화.

둘의 실상은 그저 발정이 난 것일 뿐 지고지순의 사랑 그 우아

함과는 거리가 멀건만 그 예민해야 할 수학에 저들은 착각의 오답을 내고 있었다.

벌써 몇 개월을 U씨는 보란 듯이 얼굴에 복사꽃을 달고 다니고 그의 아내는 자동식 로보트처럼 여전히 곱게도 밥상을 차렸다. U씨는 그런 아내가 절구통 안에 절굿공이 같다고 생각했다. 둔해 터진 나무 몽치, 주야로 콧등 마주 봄에도 즐거움은 나누어지지 않는 목신, 특이하게 사용할 곳은 없건만 두루 써먹기는 편리한 존재, 삼백육십오일 동고동락 함에도 정작 생 서러움은 혼자 삼켜야 편안한 이상한 울타리 안에 묘한 공동체. U씨의 싸늘한 눈동자는 늘 아내에게 말한다. "그래 몽치귀신처럼 그렇게 살다 죽어라".

밸런타인데이의 점심시간, P여인에게 붉은 루비 박힌 목걸이를 걸어주고 키스도 쪽쪽 해주고 와인 곁들여 먹은 해물요리 값을 지불하려고 다가간 계산대 앞에서 U씨는 발그레 상기된 얼굴로 서양 남자에게 기대 서 있는 너무도 우아한 동양여자를 보았다.

아내였다. 언제부터 진행된 배반이었나. 아내는 태연히 우웃빛 옷의 앞섶을 고치며 "너만 너 찾고 싶었는지 아니?" 한마디 던지고는 사내에게 허리 감겨 호텔 룸 쪽으로 걸어갔다.

스물세 살 연하의 P여인이 환갑의 남자 여생 맡아줄 리 만무했고, 아내 젊은 유럽남자 역시 호기심에 안아본 오십 중반의 동양여인과 새살림 차릴 의중 없음은 자명한 것이었다.

삼 남매의 창창한 가슴에 치유될 길 없는 암울을 물려주고 모두에게 외면당한 이혼, 고목보다 참혹한 뿌리의 사망 식을 치르고 가족은 흩어졌다.

분명 세상에서 가장 이상형으로 확정되어 동반을 시작한 부부였을 것이다. 대체 어디서부터 상대의 존재를 남편, 아내라는 명찰에만 충실해야 하는 도구로 착각하고 절망을 키웠는가.

내게 맡겨진 한 생에 기울여 주어야 할 당연한 노력들, 내 소유이기 이전에 존재의 존엄성 존중, 인생 허망을 가장한 욕정 관리. 저 일들의 실천이 가정 풍비박산 만들고 인생 송두리째 처참해지는 것보다 더 어려운 것이었을까.

열린 봄이어도 화사한 꽃에는 눈감아야 하는 무화과나무, 표는 나지도 않는데 아주 잘 익혀내야만 하는 갑갑한 사명. 하기야 가정이라는 속박 속에서는 작은 배려에도 서로 감동되기 마련 아닌가 싶다. 그래서 흐르는 소소한 웃음들이 인생엔 가장 안전한 행복 가장 완벽한 승리일지도 모른다.

불가항력의 일도 아닌 인류의 과제, 모두가 같이하는 숙제에서 미숙아처럼 이탈해 방종하다가 괴멸된 U씨네 가정이 자꾸 깊은 사고 속으로 끌고 간다.

## 명암의 사각지대

 댓글을 주고받으며 많은 사람과 아주 쉽게 접촉할 수 있는 첨단 교재형 공간, 원룸에 사는 박 여사에게 회원 삼천 명이나 되는 인터넷 카페는 세상으로 열린 너무도 황홀한 창이었다.
 박필순이라는 본명 대신 미셸이라는 닉네임은 또 얼마나 좋은가. 나그네, 따귀 밥, 그니, 오락가락, 헐레벌, 개쉐리, 사랑 노래, 저승 발톱, 미셸, 샤니, 노으리 등 컴퓨터 학원동창이 무한대로 늘어놓는 닉네임 중에서 유명 문학 작가 이름인 미셸을 택해 미셸이 되었다.
 미셸은 온종일 매일 같이 카페를 열어놓고 생활하며 냄비 태워 먹기, 쓰레기 썩히기, 빨래 축적하기는 다반사고 밥도 컴퓨터 앞에 앉아서 먹기 일쑤였다. 타이핑이 서툴러 손가락 한 개로 한글을 합성하면서도 방마다 돌아가며 새 글에 답글을 달았다. 특히 요리 부분에는 꽤 일가견도 있어서 답글들도 그럴 듯했다. 그러다가 요리방 방장이 되었다.

　운영의 궁극적인 목적이 무엇인지 모호한 종합 종목의 카페건만 회원 수는 늘어갔고, 미셸은 마지막 사명자처럼 떠도는 자료들을 훑어다가 열심히 올렸다. 카페 주인이나 방장이 된 미셸이나 서로 본명도 모르고 단 한 번의 면식도 없는 터였다. 그러면서도 카페 운영이라는 명목으로 미셸과 카페지기 사이에 수도 없이 쪽지가 오고 갔다.

　묘하게도 밀착을 유도해내는 글 주고받기, 다방면으로 지식 해박한 카페지기에 대한 존경에 연정까지 싹터 미셸의 글은 결국 핑크빛이 되었다. 밤새도록, 온종일, 타이핑하여 보내는 편지에 카페지기로부터도 빠짐없이 답신이 왔다.

　"꿈에서 임과 나눈 키스가 온종일 혀에 감겨 있습니다"

　"그대와 나의 에덴에 무화과 한 잎도 필요치 않습니다."

　"내 영혼의 심장, 나의 이브, 오늘도 당신을 안고 잠듭니다."

　참으로 경악을 할 문장들이건만 미셸 여사는 카페지기가 단 한 줄씩 보내는 그 답신에 온 피돌기가 흐물거렸다. 가슴에 일어난 용광로가 시간이 흐르며 온 세상을 불바다로 만들었다. 드디어 연말이 가까워져 오는 어느 날 미셸의 선창으로 두 사람은 만남을 약속했다.

　그날, 미셸은 미장원으로 달렸다. 엘리자베스 테일러처럼 세워서 수북한 머리를 하고 다음은 지하도의 옷 골목으로 갔다. 젊어 보이게, 젊어 보이게를 복창하며 치마 길이 짧은 초록빛 투피스에 점원의 침 발로 진분홍색 코트까지 걸쳤다.

그리하여 머리 산발, 옷 색깔 화려강산, 옷 사이즈 구십, 힐 높이 오 센티미터의 살찐 고구마 패션이 탄생했다. 세련 감각이 그리 없는 박 여사는 아니었는데 열애의 몽롱함과 젊어지고 싶은 욕구가 패션 취향을 바꿔가더니 오늘은 광대의 분장을 능가하게 하였다. '나이 들었으니 아무래도 밝은 옷 색을 좋아할 거야.' 배려의 계산도 깔렸었다.

나이를 먹을 만큼 먹었다고 답이 왔던 카페지기다. 사진도 나이 든 클라크 게이블 얼굴을 프로필 사진으로 사용했다. 시간이 많아서 카페를 운영한다는 현실론, 그가 올리는 자료의 수준들이나 운영의 노련함, 모든 면으로 보아 정년을 넘긴 노신사가 분명하다고 미셀은 확신하고 있었다.

미셀 자신이 나이 육십을 오십 대 후반이라고 사기수를 두고 사랑하는 임을 속인 죄책감에 울기도 했지만, 어디 사랑에 국경이 있다던가. 이십 년 전에 죽은 남편도 네 살이나 어렸지 않은가. 설령 그가 자신보다 두어 살 어리다 해도 그의 사랑 또한 천지 신의 맹세 같았거니, 변할 것이 무엇이랴.

삶이 무료하여 일식집을 해보다가 실패했다는 사람. '그럼, 직원 이천 명을 거느리고 우아하게 살던 사장님이 식당은 어렵지.' 그래서 인생 비상금 털어 딸 모르게 친구 계좌 이용해 보내주기도 했다.

첫날이니까 오늘은 위로 겸 데이트 비용을 자신이 쓰리라고 마음먹고 딸이 보내준 월 생활비 오십만 원을 두둑해 보이도록 잔돈으로 바꾸어 봉투에 넣었다. 립스틱은 코트 색과 맞추고 하얀 동백을 가슴에 꽂았다. '하얀 꽃을 가슴에 달고 나가겠어요.' 쪽지를 날렸었기 때문이다.

 아! 아! 그이와 팔짱을 끼고 걸으며 구사일생한 청춘에 홍등을 달으리. 너무 커서 쓸쓸하고 관리가 힘들다는 집, 머리 희끗한 노부부가 정원 가꾸는 장면까지 상상하며 미셸 여사는 발그레 얼굴을 달아 올리고 약속 장소로 갔다.

 '찻집도 있고 빵집도 있고 도넛 가게도 많은데 하필이면 지하철 입구일까. 낭만을 만들며 추억 그윽해질 호숫가라도 데려 가려나 보다.' 기다리는 그 순간 미셸 여사의 생각은 인생의 최고점에 서 있었다.

 약속 시각 정각, 진분홍색 코트도 선명하니 잘 알아볼 것으로 생각하며 두리번거리는 시야에 아들이 잡혔다. 빠른 걸음으로 계단을 올라온 아들도 멈칫 서서 숨을 고르며 어머니 차림새와 가슴의 꽃을 뚫어지게 바라보았다.

 "아니 너 여기 어쩐 일이냐?"

 "엄마는…. 어쩐…. 어, 어, 저 취직자리가 났다고 해서…."

 "그러냐. 그럼 어서 가봐라. 벌어야 장가를 가지, 삼십도 허리가 접혀가는데 언제까지 누이동생 집에 얹혀 있겠니. 어이 서둘러라. 어이 가봐라."

 단 남매뿐이어서 더 없이 귀하고, 보름 만에 보는 아들이지만 지금은 빨리 치워야 하는 장애물이 아닌가.

 "그럼. 엄마…."

 아들은 바이바이 오른손을 저으며 주춤주춤 돌아서더니 겨울

속을 뛰어갔다.

　그 남자 리처드는 미셸 앞에서 숨이 멎을 뻔했다. 카페 회원인 여인들에게 기대어 오늘의 교통비도 쓸 수 있었다는 사실을 미셸, 아니, 일 년 반이나 아들과 뭄 꼬이는 연애편지를 주고받은 어머니 당신은 아십니까? 노동에 생 바치며 최고라는 대학을 졸업시킨 아들의 현 실체를 상상이나 하십니까?

　그날 밤, 비참한 심경으로 귀가한 미셸 여사는 '그이에게 무슨 일이라도 생겼는가.' 염려하며 컴퓨터부터 켰지만, 카페지기 권한인 강제 퇴출이 되어 있어 쓰던 아이디로는 그 카페를 다시 열 수가 없었다.

　"빌어먹다 중병이나 걸려 죽어라."

　그녀는 리처드, 다시 말하면 아들을 향해 지상에서 가장 독한 저주들을 퍼부었다. 문자 주고받은 세월만큼이나 오래오래 갖은 독설을 퍼부으며 상처를 식혀 갔다.

## 바람편지

　수취인의 성씨나 이름은 모릅니다.
　이런 편지는 길 잃은 별이나 초조하게 서성이는 색 바랜 낮달이 읽어 주어도 좋겠습니다. 정처 없이 떠도는 민들레 씨가 곁눈으로 읽고 가도 좋겠고 만년 가시풀 혹은 사망한 광야에 비석처럼 서 있는 선인장이 읽어주어도 좋습니다.
　　나는 단지 외로움으로 떠돌고 쓸쓸함으로 편지를 생각합니다. 그리고 가장 정직해진 순간 그것을 쓰고 바람인 내 이름을 선명하게 색인합니다.
　어느 때 아주 적막한 광야를 지나다 보면 존재에 대한 정립, 특히 인생의 원본이 보일 때가 있습니다.
　어제는 공원묘지에 있었습니다.
　다섯 살 소년의 하관 앞에서 그 부모가 아이보다 더 깊이 묻힐 듯 몸부림을 쳤습니다. 정말 그대로 죽을 것 같이 보였지요. 너무

안타까워 나도 몸을 부수고 회오리를 치며 같이 울었어요.

그런데 잠시 후 그들이 말갛게 얼굴을 다듬고 식탁을 돌면서 조객들에게 인사를 하는 거예요. 가장 우아하고 격조 있는 몸짓으로 하얀 치아도 상글상글 들어내면서요.

조객 중에는 라스베이거스에서 이백 달러 딴 소재로 박장대소 하는 무리에서부터 각자들의 삶의 화제로 왁자지껄 잔칫집 같았어요.

어린아이를 흙에 묻으며 훌쩍거리던 것이 불과 한 시간도 되지 않았는데 말이지요. 어머니를 부르며 더 많은 사람이 통곡하던 다른 장례 팀도 마찬가지였어요.

어쩌겠어요. 사회 복합성인 주어진 삶이 폐기 불가능한 것을요. 그러나 정말 신기한 것은 악이 세상에서 원기 왕성하다는 거예요.

죽음이 내는 과제 답안의 급제자는 누구인지 모르겠어요. 매일 인간의 사망 뉴스를 접하면서도 천 년쯤 살아갈 것 같은 환각의 중독 때문일까요?

그 선명한 학습교본을 초월해 극한 이기심이 연출하는 각본들은 아주 볼 만하다니까요.

지상의 희극 같은 어디 그뿐이겠어요.

누구는 인형처럼 눈동자도 고정한 채 대열을 서고 누구는 그 가운데를 뻣정뻣정 걷는 병정놀음 시간도 있거든요. 그런데 그냥 그렇게 재미있게 놀기만 하면 되는데, 무기를 만들고 살인 연습을 하고 단체로 일찍 죽기 혹은 죽이기 실시에 들어가거든요. 그냥 두어도 팔십 남짓이면 모두가 절로 가고 마는데 말이지요.

병정놀음이 꽤 재미가 있긴 있는가 봐요. 아시지요? 저 끔찍한 사건을 만든 사람들은 모두 병정놀이하던 사람들이라는 것. 이래서 병정놀이는 어린 날부터 소꿉장난에서도 빼야 한다니까요.

요즘 아이들은 컴퓨터로 파괴게임도 신나서 한다지요.

그 터득한 실력으로 인륜과 천륜은 물론 언젠가는 인간 계보와 지구와 별들까지도 파괴해 버리지는 않을지 모르겠어요.

호칭과 그에 따르는 인식도 여간 코미디가 아니에요.

대통령도 눈이 세 개는 아녜요. 아무리 보아도 청소원의 눈이 한 개도 아녜요. 똑같은 이목 구조와 똑같은 내장구조, 똑같이 빨간 피를 가졌어요. 똑같이 사랑과 애정, 희로애락을 느끼는 감정도 다르지 않아요.

그러나 사람들은 대통령, 청소부, 혹은 배달원 그렇게 호명하며 그 호칭만큼 사람을 대하는 경향이 다분히 있거든요. 아예 호칭만 기억하고 사람 존재는 잊는 경우도 있어요.

그런 삶이 애당초 본인의 선택이었다는데 대한 무언의 징계, 그러므로 그렇게 대우함의 타당성이 인류사 합헌으로 깔린 것인지는 모르겠어요. 그러나 똑같은 구조의 사람임을 감안하면 풍요롭게 사는 것만으로도 누리지 못하는 이들에게 충분한 과시가 아닐까 해요.

소유한 조건이 폭력이 될까 삼갈 줄 아는 원숙함과 피조물의 평등이라는 천륜적 지각을 지닌 사람들로 세상이 가득했으면 좋겠어요. 그러면 나도 맥없이 광야나 떠돌다가 내 존재 확인시키느라 폭풍우나 몰고 오지는 않을 거예요.

색깔 없어도 산들산들 나뭇잎 압착도 풀어 주고, 지열도 식혀주고, 저 고운 이들의 창가를 기웃대며 살랑살랑 열심히 내 일을 해낼 수 있을지도 몰라요. 내가 얼마나 소중한 일을 하고 있는지 알아주는 사람들이 있는 한 지상에선 보람 없는 일이란 없으니까요.

오늘은 토요일, 여인들을 따라 식품점을 구경했어요.

매 주말마다 LA 한인 마켓들의 판매 경쟁은 포환 없는 전쟁이지요. 오늘은 부사 사과가 3파운드에 1달러예요. 크고 잘생긴 것 4개쯤 되요. 중량으로 팔건만 여인들은 조금 더 큰 것을 갖고자 사과를 콩 볶듯 뒤집어 대었어요.

그러다 노부인이 삼십 대 아낙의 발등을 밟는 실수가 생겼지요. 멍든 것도 아닌데 아낙이 눈을 치켜뜨고 노인을 노려보며 예의 좀 지키라고 쏘아붙이고 노인은 미안타며 허리를 굽실대었어요.

나는 민망해서 냉이를 고르고 있는 노부인 곁으로 가서 서성거렸어요.

거기서는 40대로 보이는 여인이 "엄마 그딴 풀 뭐 하러 사" 하고 쏘아붙였어요.

"오! 위대한 망각의 권능이여" 내가 중얼거렸지요.

숨 가눌 새도 없이 달리지 않고는 살아낼 수 없었던 초조한 시대, 칡뿌리까지 캐면서 자식들 지켜내고 오늘이 있게 만든 여인일 수 없었던 여인들. 저 어른들께 대한 감사, 가여운 연민, 그들이 지나온 시대를 언제 그리도 까맣게 삭제하였는가 묻고 싶었어요.

그러나 좋은 일이에요. 세상의 발전은 인간의 망각이 산출하는 특산품이니까요. 과거의 아픔에 매이지 않고 진보하는 일이란 아품의 노예보다 아름다운 일이지요.

　나는 다시 광야로 갑니다. 저 애잔스런 피조물들을 위해 우는 곳이 벌판만한 곳은 없으니까요. 건방지다고요. 아, 아 미워하지 마세요. 나는 단지 바람이니까요.

우리의 삶은 근본적으로 행복을 향해 나아가는 것이다. 그 행복은 각자의 마음 안에 있다. 자신이 갖고 있는 건강과 재산을 남을 돕는 일에 이용한다면 행복한 삶을 사는 데 큰 도움이 될 것이다.

서리
백조의 성
이런들 엇더하며

### 행진 박영환 작가 약력

경북 청도 출생
영남일보 신춘문예 수상
한국문협, 경북문협, 사하문협,
청도문협, 수필부산문학회 회원
수필집 '종소리의 뜨락에서' 外 2권
前 부산, 모라중학교 교장
e mail: aapyh@hanmail.net

〈선생의 제자인 김성일金誠一의 기록에 의하면, 선생은 언어나 문장에서 한 번도 농담이나 재주를 부리지 않았다고 했으며, 역시 제자인 이덕홍李德弘의 기록에는 선생은 젊어서부터 늙음에 이르기까지 여럿이 어울리기를 좋아하지 않고, 혼자 딴방에 앉아 마음의 근본을 닦았으며 선생은 비록 글자 한 자를 우연히 쓰더라도 점과 획이 정돈되지 않은 것이 없었고 글자의 체는 방정하고 단중端重하였으며 시 한 수를 읊더라도 일절 일구의 글자를 반드시 깊이 생각하고 고쳐서 함부로 남에게 보이지 않았다고 하였다.〉

이제는 시골 마을이라도 이런 풍경이 없다. 서리를 할 아이도 없지만 쉽게 용납도 되지 않는다. 이따금 그 시절이 그리워진다.

# 서리

'서리' 하면 밀려오는 향수와 함께 풋풋한 미소가 일어난다. 장난인가, 도둑질인가. 엄격하게 말하면, 남의 밭이나 집에서 주인 허락 없이 훔쳐오는 것이니 도둑질이었다. 그러나 서리를 하는 측도 죄의식이 없었고 서리를 당하는 집도 도둑맞았다고 이를 갈며 동네방네 외치고 다니지 않았다.

콧물을 훌쩍이던 초등학교 시절에는 밀이나 콩서리를 주로 했다. 또래들이 어울려 책 보따리를 어깨에 걸쳐 메고 집으로 오다가 배가 출출해지면 누가 먼저랄 할 것 없이 밭에 들어가 눈치껏 한 아름 꺾었다. 구석진 밭두렁 밑에 숨어들어 불을 지피면 알맹이가 노랑노랑 익었다. 손으로 썩썩 비비어 후후 불면 구수한 냄새와 함께 기름이 자르르 흘렀다.

"와아! 죽인다."

탄성을 지르며 신나게 해치웠다. 마파람에 게 눈 감추는 형상이었다. 그런데 끝나고 난 뒤에 보면 손바닥은 물론이고 입 주변이나 볼, 심지어 콧구멍까지도 껌정이 새카맣게 묻어 호랑이 가죽처럼 얼룩덜룩했다. 아이들은 제 얼굴에 묻은 껌정은 보지 못하고 친구의 얼굴을 보며 배꼽을 잡았다.

고등학교 때가 되면 서리에 한가닥 한다는 꾼으로 변신했다. 식욕만큼이나 다리와 팔에 물도 엔간히 오르던 때, 알통 자랑을 하며 작당을 했다.

눈여겨보고, 관심만 두면 세상은 넓었고 먹을 것도 많았다. 사과, 감, 호박, 닭 등….

"하늘은 스스로 돕는 자를 돕는다."

궤변을 늘어놓았다.

사과 서리는 나무 막대에 못을 박아 찍어내면 꽤 편안하게 소득을 올릴 수 있었다. 그렇지만 하나하나 찍어야 하니 시간이 오래 걸렸다. 성질이 급한 사람은 감질이 나기도 했다. 그래서 간덩이가 커지면 숫제 탱자나무 울타리에 멍석을 덮어씌워 타고 넘어가기도 했다. 자루를 가지고 갈 때도 있었지만 준비하지 않아도 괜찮았다. 바지를 벗어 양쪽 가랑이를 붙들어 매면 훌륭한 자루가 되었다. 팬티 바람이지만 사과가 가득하면 그 정도는 참을만했다.

닭서리는 과일이 떨어진 겨울밤에 많이 했다.

"배꼽이 신호를 보내는데 어디서 닭소리가 들린다."

닭서리를 하자는 것이다. 닭은 남의 집에 들어가서 잡아 오는 것이기 때문에 숨소리도 내지 말아야 한다. 그러니 떼를 지어 가지 않고 한두 명만 조용히 갔다 와야 한다. 화투패를 돌려 끗발이 낮은 사람이 대표 선수였다. 이 팔 멍통을 잡은 복만이 녀석 우레 같은 박수를 받았다. 머리를 긁적이며 동리에 나갔던 녀석, 얼마 뒤, 빛깔이 붉고 시울이 톱니처럼 생긴 벼슬을 단 수탉 한 마리와 살이 통통 오른 씨암탉 한 마리를 생포했다. 푸드덕 푸드덕 날갯 짓이 장쾌했다. 닭을 요리하는 것은 후원자이며 공모자인 동리 처녀들이 맡았다. 불을 지피는 경순이, 치마폭에 무와 간장 등 양념을 훔쳐 나온 숙자의 손길이 바빴다. 침을 꿀꺽꿀꺽 삼키며 기다렸다가 솥뚜껑이 들썩들썩하도록 김이 진동을 하고 난 뒤 둘러앉았다.

"닭 뼈다귀 걸리면 약도 없다 카더라, 조심해서 먹으래이."

경순이가 제법 어른스럽게 말했다.

"걸릴 뼉다구가 어딧노, 뼉다구까지 봉조리 부수어 먹을 낀데"

정말로 그랬다. 무쇠도 녹일 판이니 그런 건 염려할 것이 못되었다.

이튿날 아침, 밤이 이슥하도록 먹는데 정신이 빠져 늦게 들어온 지라 세상 모르고 잘 자고 있는데

"구구구…. 이놈의 비슬 시퍼런 장닭이 어디 갔노, 이 서방 잡아 주려던 암탉도 안 보이고, 이놈들이 벌써 마실 갔나. 그라다가 고냉이(고양이) 밥이라도 될라꼬…. 구구구…."

할머니는 온 집을 뒤지며 구구단을 외었다. 처음에는 잠결에 대수롭잖게 들었으나 가만히 생각하니 심상치 않았다. 눈이 번쩍 떨어졌다.

'그러면 어제 저녁에 먹은 닭이 우리 닭! 어째 안면이 많더

니….'

복만이 녀석이 들어오면서 나를 보고 씨익 웃던 것이 생각났다. 그때 다그치지 못한 것이 후회되었다.

'복만이 녀석, 니가 우리 닭을….'

사실, 같이 작당을 한 녀석들의 집에서 잡아오는 것이 제일 안전했다. 비록 서리라 해도 들키면 닭달을 당하는데 자기 아이가 끼어 있으면 발각되어도 문제 삼을 수 없기 때문에 편한 길로 그렇게 하는 일이 왕왕 있었다.

'오냐 이 녀석아 너거 닭은 오늘 저녁 내가 모시꾸마.'

이를 박박 갈았다.

호박 서리 때문에 곤욕을 치른 적도 있었다. 뒷마을 산기슭 밭에 호박이 넝쿨째 구르고 있다는 정보가 들어왔다. 쾌재. 쇠뿔도 단김에 빼라고, 보무당당하게 건달 예닐곱 명이 호박밭을 기습하였다. 큰 것, 작은 것 가리지 않고 보이는 대로 낚아챘다. 호박 소탕 끝.

이튿날 점심때쯤 모여 호박전을 부쳐 먹기로 했다. 그날은 마침 이슬비도 부슬부슬 오니 전을 부쳐 먹기가 안성맞춤이었다. 우리 도씨盜氏들의 소굴로 둔갑한 재실 마당에 돌을 괴고 솥뚜껑을 거꾸로 하여 전을 부치기 시작했다. 기름이 탁탁 튀며 자글자글 잘도 익어 막 먹으려고 하는데 이때 느닷없이 장 장로님께서 재실 문을 열고 나를 찾았다.

'또 교회에 나오라고 전도하러 왔구나.'

하는 생각이 들었다.

우리 마을에 교회가 세워진 지는 꽤 오래되었다. 그런데 이상하게도 교회는 우리 마을에 있었지만 정작 우리 마을 사람들은 유교적인 가풍 때문에 교회에 거의 다니지 않았다. 장 장로님도 이웃 마을 사람이었는데 그게 늘 마음에 걸렸던 것이다. 그런데 우리 집안의 종손인 내가 기독교 계통의 고등학교에 진학하자 그 기회를 놓치지 않고 틈이 나면 교회에 나오도록 설득했다.

"자네가 하나님 앞에 선서하고 기독교 학교에 입학한 것은 정말 잘한 일일세, 이제 교회에 나와서 하나님을 영접하게나."

나는 비록 그 학교에 진학했지만, 교회에 갈 생각은 별로 없었고 또 부모님도 그걸 용납하지 않았다.

'개도 먹을 때는 건드리지 않는다는데….'

구시렁거리며 문 앞에 나가 퉁명스럽게 쏘아붙였다.

"교회엔 안 나갈낍니더."

그런데 어째, 장 장로님 표정이 전과 달랐다.

"오늘 내가 자네를 찾은 것은 교회 때문이 아니고 호박 때문이라네…."

호박 때문이라니!, 뭔가 잘못되었다는 생각이 들었다.

"어젯밤에 잠이 오지 않아 집 앞에 평상을 내어 놓고 있는데 자네들이 우리 호박밭에 올라가더구나. 아무리 희미한 달빛이래도 자네는 분명히 알아보겠더구나. 고함을 치려다가 기독교 학교에 다니는 자네도 들어있는데 장난으로, 몇 덩이 가져가려니 생각했지. 그런데 그렇게 밭을 홀랑 비울 줄은 정말 몰랐다네."

오! 주여 쿠오바디스 도미네. 쥐구멍이라도 찾고 싶었다. 백배사

죄하고 남은 호박은 전부 돌려드렸다.

수박 서리는 다른 서리와 달리 도둑놈 취급을 받는다. 수박은 공도 많이 들이고 또 비싸므로 지키는 원두막도 있다. 그렇다고 우리가 누구인가, 포기할 수 없었다. 수박 서리를 하려면 치밀한 작전이 필요했다. 사전에 정찰을 철저히 하며 도상 연습을 하기도 했다. 우리는 수박 서리를 하느라고 군대에 가기 전에 이미 낮은 포복과 높은 포복, 철조망 통과 방법을 배웠다. 정말 숙달된 동작으로 몸을 낮추어 접근했으며 울타리도 아주 정교하게 따고 기어 들어 갔다. 어두운 밤중에 수박을 어떻게 찾을 것인가? 손으로 더듬어서 딸 수도 있다. 그러나 주인이 지키고 있는 긴박한 상황에서 시간을 지체하다가는 걸려들기에 십상이었다. 가장 좋은 방법은 온몸을 이용하는 것이었다. 온몸을 이용한다는 것은 아예 수박밭에 키대로 누워서 구르는 것을 말한다. 구르다가 맞닥뜨리는 놈이 보물단지였다. 그런데 이 짓은 좀 악질이었다. 손으로 더듬게 되면 줄기는 상하지 않지만, 몸을 눕혀 구르면 수박 줄이 심하게 손상되기 때문이다. 그런데도 이 악동들은 주인의 사정은 별로 생각하지 않았다. 그날, 우리들의 목표는 마을에서 2킬로미터쯤 떨어진 수박밭이었다. 그런데 미리 말하지만, 우리의 작전은 완전히 실패하고 말았다. 주인의 유인작전에 보기 좋게 걸려들었던 것이다. 이건 우리 서리 인생에 뼈아픈 실패였다. 알고 보니 그날, 우리가 습격하기 직전에, 이웃 마을 녀석들이 선수를 쳐서 거뜬히 한탕 하고 지나갔던 것이다. 우리는 그것도 모르고 뒷북을 치고 있었던 것이다.

불의의 기습에 수박 서리를 당하고 울화가 치민 주인이 입에 고추를 불면서 이를 바득바득 갈고 있었는데 그때 우리 일당의 인기척이 들렸던 것이다.

'이놈들 봐라. 이제 아주 재미 붙여 재탕하러 오는구나.'

길목에 잠복했던 것이다.

우리는 그것도 모르고 낮은 포복, 높은 포복, 철조망 통과, 온갖 재주를 다 벌였는데 앞서 들어가던 석이의 덜미가 억센 손아귀에 잡혔다. '으악' 비명이 들리자 걸음아 날 살려라, 우리는 풍비박산風飛雹散 흩어졌다. 도망가다 보니 개x끼, 소x끼, 입에 담지 못할 욕설 속에 무차별 난타당하는 소리가 들렸다. 우리는 더 도망을 가지 못하고 우뚝 섰다. 동업자가 잡혔으니 뛰어봤자 벼룩이었다. 상황 판단이 빠른 복만이 녀석이 제안했다.

"석이가 잡혔으니 결국 이름을 다 불게 될 끼다. 우짜겠노. 그렇게 잡히느니 차라리 자수하여 광명 찾자."

자수하여 광명을 찾지 못하고 지옥에 간다 해도 별도리가 없었다. 우리는 죽을상으로 어기적거리며 들어가서 주인 앞에 무릎을 꿇었다. 한 번만 용서해달라고 싹싹 빌었지만, 주인은 우리를 원두막으로 끌고 갔다. 그런데 이상한 일이 벌어지고 말았다. 남폿불을 밝혀 얼굴을 살피던 주인이 석이를 보며 깜짝 놀랐다.

"이것, 사돈총각 아니가!"

석이 녀석도 홍당무가 되어 고개를 푹 숙였다. 알고 보니 주인은 석이의 누나 시동생이었다. 오히려 주인이 사과하는 진풍경이 벌어졌다. 아이들의 장난에 이렇게 모질게도 면상을 못 쓰게 만들어 놓았으니, 사장어른과 형수님을 어떻게 대할 것인가?

미안하다며 석이의 가슴에 큰 수박덩이 하나를 억지로 안겨주었다. 석이의 면상에 시퍼렇게 든 멍은 훈장처럼 빛나고 있었다. 웃지 말라고 고함을 지르던 녀석이 되레 히죽 웃어버리는 통에 우리는 크게 웃었다.

떡 서리를 한 일이 있다. 이것은 처음부터 계획된 일이 아니었다. 우리 집안 아저씨 중에 감 농사를 많이 짓는 분이 계셨다. 그 집 창고에는 겨울에도 감이 많이 저장되어 있었다. 그것을 조금 가져다 먹기로 했다. 그 집 지리에 밝은 내가 들어가서 별생각 없이 감이 담겼거니 생각하고 설기 하나를 가지고 왔는데, 막상 열어 보니 감이 아니고 떡이 가득 들어 있었다.

'웬 떡' 모두 눈이 휘둥그레졌다. 조금만 생각을 해도 이건 먹을 것이 아니라는 판단을 했을 것인데 철이 없던 때라 별생각을 하지 않고 야금야금 먹어버렸다. 그래도 설기는 제자리에 다시 갖다놓았다. 그런데 나중에 알았지만, 그 떡은 누나가 결혼하여 시댁에 처음 갈 때 가지고 갈 예물 차반이었다.

이튿날 아침, 누나 집에 대절 택시가 도착했고 시댁에 보낼 짐을 하나하나 싣기 시작했다. 이때, 떡 설기를 들고 나오던 누나의 어머니인 정곡 아지매가 고함을 쳤다.

"이걸 우짜노, 와 이렇게 가볍노 싶어 열어보니 떡이 하나도 없데이."

"뭐라캅니꺼."

누나도 후닥닥 달려와서 빈 설기를 보더니 얼굴색이 하얗게 변했다. 신부 체면도 잊어버리고, 두 다리를 뻗쳐 울기 시작했다. 화장 국물이 뚝뚝 떨어졌다. 아차, 보통이 일이 아니었다. 누나는 나를 힐끔힐끔 쳐다보며 의심의 눈초리를 보냈지만 나는 먼 산을 쳐다보며 시치미를 뚝 떼었다. 그러나 그 이후, 정말 미안하여 누나의 얼굴을 바로 대하지 못했다. 그리고 혹시 차반을 가지고 가지 않아 시댁에서 미운털이라도 박히는 일이 생길까 봐 가슴을 졸였다. 다행스럽게 별 탈이 없었다. 오히려, 시어른의 사랑도 받고 부부간에 금실도 좋아 떡두꺼비 같은 아들 잘 낳고 재산도 불리면서 잘 살았다. 천만다행이었다.

그로부터 공소의 시효가 지난 한참 뒤, 누나에게 이실직고했다.

"누부야, 그때 떡 도둑놈이 내다."

"하이고, 문딩이야, 아무래도 니 수작인 것 같더라."

누나는 나의 팔을 암팡지게 꼬집었다.

"그래도 누부는 내 덕에 잘 사는 기다. 그때 누부가 떡을 해갔으면, '차반 잘 해왔네!' 하면서 고개 빳빳 세웠다가 미움을 받아 시댁에서 쫓겨났을 것인데…."

능청을 떨었다.

"하이고, 이것아, 그 때를 생각하면 지금도 가슴이 펄떡거린다. 이 문딩야, 내 너거 학교 가서 너거 선생, 도둑놈이라고 광고할끼다."

"허허허"

누나가 광고를 하지 않은 덕분에 나는 정년까지 무사히 잘 마치

고 나왔다. '누나 고마워요.'

　이제는 시골 마을이라도 이런 풍경이 없다. 서리를 할 아이도 없지만 쉽게 용납도 되지 않는다. 이따금 그 시절이 그리워진다.

# 백조의 성

독일, 뮌헨을 떠나 퓌센에 있는 '백조의 성'으로 갔다. 그런데 이 '백조의 성'이란 통상적으로 부르는 이름이고 공식적인 명칭은 노이슈반슈타인 성이다.

가는 길은 전형적인 시골 길이었으며 주변 구릉에 목장이 많았고 젖소들이 여유롭게 풀을 뜯고 있었다. 이따금 목장에서 일하는 차들이 느린 속도로 운행하기에 길이 막힐 때도 있었다. 멀리 알프스 산에는 5월인데도 흰 눈이 녹지 않고 그대로 있었다.

산 중턱에 있기 때문에 '백조의 성'은 멀리서도 그 모습이 금방 드러났다. 일행들은 차 안에서 연신 카메라 셔터를 터뜨리며 성에 관해 관심을 보였다. 낭만적인 느낌을 주는 독특한 성이었다. 디즈니랜드 성도 바로 이를 본떠 만든 것이다.

이 성을 만든 이는 바이에른의 왕이었던 루트비히 2세이다. 그는 바그너의 예술성을 주제로 직접 설계했다고 하니 그가 얼마나 바그너의 예술에 대해 심취했는지를 알 수 있었다.

바그너는 1813년 라이프지히에서 출생했다. 아버지가 죽고 난 뒤 어머니가 새로 재혼했는데 그 계부가 배우이며, 극작가이고 화가, 가수이었기에 그의 영향을 많이 받았다고 한다. 그는 궁핍한 생활을 면하기 위해 떠돌아다니면서 극본도 직접 쓰고 연주활동도 하지만 별로 성공하지 못하고 빚만 잔뜩 지게 되었다. 그러는 속에서도 첫 오페라인 '결혼'이 성공하면서 이름이 알려졌다. 그러나 그가 아끼던 '탄호이지'가 흥행에 실패하면서 많은 부채를 지게 되어 도망을 다니지 않을 수 없었다. 이때 구세주로 나타난 이가 바로 18세에 왕위에 오른 루트비히 2세였다. 선천적으로 정치보다는 음악, 시, 미술 등 예술세계에 빠져 있던 왕인지라 바그너의 시와 음악을 만나는 순간 이내 헤어날 수 없을 만큼 깊이 빠져든 것이다.

그는 바그너의 부채를 전부 다 갚아주는 등 온갖 호의를 베풀면서 가까이 데리고 있었다. 어쩌면 그것은 데리고 있다기보다는 모시고 있었다는 표현이 맞을 것 같았다. 바그너도 이 구세주 왕에게 충성의 서약을 했다. "오, 은혜로 충만하신 왕이시여, 천상의 감동에서 솟아난 눈물을 당신께 바침으로써 그리도 비천하고 애정에 굶주려 왔던 제 가련한 인생이 품고 있던 시적 경이감이 드디어 지고한 현실이 되었음을 당신께 알려드리고자 합니다. 이제 이 인생의 마지막 한 단어까지 마지막 한 음계까지 저의 인생은 당신에게 속해 있습니다."

1864년에 쓴 편지 내용이다. 그 이후 왕은 오스트리아 여황제의 동생인 약혼녀 소피샤를로트와 결혼 날짜가 잡은 처지였으나 파혼을 선언하고 만다. 이 사실도 바그너와 관련이 있다고 생각하는 사람들이 있다.

'백조의 성'은 1869년부터 시작하여 1886년까지 17년간에 걸쳐 지은 대역사이었다. 만약 왕이 죽지 않았다면 공사는 수년 간 아니 수십 년간 더 계속되었을 것 같다.

주차장에서 언덕 위에 있는 '백조의 성'을 관람하러 가는 방법은 몇 가지가 있다. 우선 이곳에서 운영하는 셔틀버스를 이용하는 것이 가장 손쉽고 마차를 타고 가면 나름대로 특유의 정취가 있어 색다른 관광도 된다. 아니면 조금 힘들더라도 아예 도보로 갈 수도 있다. 우리 일행들은 일단 올라갈 때는 버스를 타고 갔다가 내려올 때는 마차를 이용하기로 했다. 긴 줄을 서서 기다렸다가 버스를 탔는데 옛날 우리나라 6, 70년대 버스처럼 계속 사람들을 밀어 넣는 통에 발 디디기가 어려울 지경이었다. 몰려드는 관광객들을 수용하려니 어쩔 수 없는 것 같았다.

셔틀버스에서 내려 성곽 뒤편 구름다리 위로 갔다. '백조의 성'은 여기에서 조망하면 성곽 전체가 한눈에 들어오기도 하려니와 경치도 가장 좋다. 이 성의 사진이 달력에 많이 활용되는데 그 대부분이 이 구름다리 위에서 찍은 것이다. 밑을 내려다보니 천 길 낭떠러지인데다가 이날따라 바람까지 많이 불어 줄이 끊어질 듯 심하게 흔들렸다. 몸을 가누기 어려울 정도로 요동을 칠 때마다 자지러지는 탄성이 쏟아졌고 그 소리에 놀라 다리가 더 춤을 추는 것 같았다. 가슴을 조이며 기념 촬영을 했다.

구름다리를 내려와 성곽 내부를 둘러보았다. 중세의 성을 재현한 사치스런 성채, 낭만적 정취가 가득했다. 벽으로 둘러싸인 안뜰과 실내정원, 뾰족탑, 망루, 인공동굴….

두 개의 층을 터서 지은 왕의 알현실은 비잔틴 대성당을 본떠 만들었다. 푸른색의 둥근 천장은 별들로 장식했고, 붉은 반암斑岩으로 만든 둥근 기둥이 그 천장을 떠받치고 있었다. 그리고 이 성에는 전체를 장식하는 벽화들이 많은데 모두 바그너 음악의 주제들을 묘사한 것이라고 한다.

그런데 이렇게 공을 들여 지은 성이지만 정작 왕이 여기에 머문 기간은 불과 6개월 정도에 지나지 않는다고 한다. 그리고 철저히 바그너의 예술성을 의식한 성인데도 정작 바그너 자신은 이곳에 한 번도 와 보지 않았다고 하니 아이러니한 일이다.

이 사치스런 성을 축조하여 오래오래 호사를 누리며 살고 싶었겠지만, 갑자기 죽음을 맞게 되어 남가일몽南柯一夢, 헛된 꿈이 되고 말았다.

루트비히 2세의 죽음은 의문이 많다. 그의 주검이 가까운 못에서 변사체로 발견되자 평소 수영 실력이 대단하다는 것을 아는 사람들은 누군가에 의해 타살되었을 것이라는 설을 제기했고 한편 그것이 아니고 정적에 의해 구금되는 비극을 맞은 상황에서 이를 비관하여 자살했을 것이라는 주장도 나왔다. 그러나 그것은 설에서 설로 이어질 뿐 사인은 지금까지도 밝혀지지 못한 채 미궁으로 남고 말았다.

그리고 또 하나 특기할 사항은 루트비히 2세는 자기 사후에 혹여 이 성이 관광지 따위로 전락할까 염려하여 자신이 죽으면 성을 부숴 버리라고 부하들에게 부탁했다고 한다. 그러나 그가 죽고 난 뒤에도 성을 부수지 않았고 그 뒤 히틀러도 부수려고 했지만, 우여곡절 끝에 성은 그대로 남아 결국 관광지가 되고 말았다.

이 성을 짓는 과정에 엄청난 돈이 들어 나라 곳간이 거덜 났으며 마침내 국가의 기반까지 흔들리게 되었다고 한다. 아무튼, 무모할 정도로 무리가 따랐기에 원성 또한 높았다고 한다. 그래서 왕은 결국 권좌에서 물러나고 죽음까지 맞이했던 것인데 지금은 오히려 관광 수입을 톡톡히 올려 주는 효자 노릇을 하니 세상일은 참 알고도 모를 일이다.

내부를 둘러보고 돌아오려니 갑자기 구름이 모이더니 비가 쏟아졌다. 일행들과 마차를 타고 내려가기 위해 마차 정류장에 갔는데 우리와 비슷한 생각을 한 사람들이 많은지 기다리는 줄이 꼬리를 물고 장사진을 이루고 있었다. 이러다간 예정된 시간을 맞추기가 어려울 것 같았다. 차라리 걷는 게 빠를 것 같아 마차를 포기하고 걸어서 내려왔다.

내려오는 길에 유모차를 밀고 내려오는 한국인을 만났다. 그의 부인은 외국인이었다. 그가 먼저 한국에서 왔느냐고 말을 걸었다. 그렇다고 하면서 인사를 했는데, 알고 보니 그는 한국계 미국인이었다. 일찍 부모를 여의고 8세 때 미국에 입양되어 갔으며 미국에서 35년간 살았고 현재는 군인의 신분으로 독일에 파견되어 나왔다고 했다. 대구에 형제들이 있어 가끔 연락한다고 한다. 좀 어눌하지만, 의사소통에는 지장이 없었다. 우리말을 잊지 않고 있어 고맙다고 했더니 당연하다고 하여 더더욱 고마웠다. 그런데 그 유모차에 탄 것은 아기가 아니고 강아지였다. 아이는 낳지 않기로 했단다.

 내려와서 커피 한 잔 마시고 다음 여행지로 떠났다. 참 이야깃거리가 많은 '백조의 성' 이었다.

# 이런들 엇더하며

우리 시조時調에 이른바, 하여가何如歌로 불리는, '이런들 엇더하며 저런들 엇더하리'로 시작하는 두 수가 있다. 이 시조들의 겉으로 나타난 표현만 본다면 작가들은 마음을 비운 무욕청정無慾淸淨, 즉 허심虛心의 상태이거나 아니면 사리 분별이 없는 우유부단한 성격 소유자같이 보인다. 그러나 이 두 수 시조의 작가는 마음을 비운 사람도 아니었고 사리 분별이 없는 사람도 아니다.

이렇게 노래한 두 분 모두 매우 유명한 분들이다. 한 분은 근세 조선의 3대 태종太宗 이방원李芳遠이며, 한 분은 우리나라 최고의 성리학자로 추앙받는 퇴계退溪 이황李滉 선생이다.

태종은 잘 알려진 대로 야심만만한 인물이었다. 그는 용기와 지략을 겸비하였으며 목적을 위해서 수단과 방법을 가리지 않았다. 그는 그가 가야 하는 길에 방해 요인이 되는 그 어떤 사람도 용서하지 않았다.

그는 많은 사람을 죽였다. 그가 죽인 사람들의 면면만 보아도 그는 허심이나 우유부단과는 거리가 멀었다.

먼저 그는, 그가 존경하고 따랐던 포은圃隱 정몽주鄭夢周 선생을 죽였다. 그는 포은을 죽이기 전 '하여가何如歌'를 노래했지만, 이는 애초부터 포은圃隱을 회유하는 데 목적이 있었을 뿐이었다. 물론 포은도 우유부단하게 변절을 하지 않을 인물이고 보면 '이런들 엇더하고 저런들 엇더하냐'는 식의 속 보이는 권유는 처음부터 교감을 이룰 수 없었다.

그는 왕권을 두고 골육상쟁骨肉相爭을 벌인다. 태조 이성계의 여덟 아들 중 다섯째로 태어난 그는 정상적으로 보면 왕위를 넘볼 수 없는 위치였다. 그러나 그가 왕좌에 앉는 데는 많은 무리수가 따랐다. 태조의 사랑을 받아 세자로 책봉된 그의 이복동생인 방석芳碩과 역시 같은 강씨 소생인 방번芳蕃을 죽였고 왕권에 도전하는 넷째 형인 방간芳幹도 죽였다.

그의 처남들도 무참하게 죽인다. 왕권을 반석에 올려놓기 위해서는 외척이 득세하면 안 된다는 것이 그의 지론이다. 그의 비妃인 원경왕후元敬王后의 피눈물 어린 간청을 외면하고 두 동생인 민무질閔無疾, 무구無咎 형제를 억지로 죄명을 만들어 죽인 것이다. 처남뿐만 아니라 그는 자기 아들인 양녕, 충녕(세종)의 장인들도 죽였다.

아무튼, 그는 스스로 악역을 자청했다. 세종에게 "모든 악역은 아비가 도맡아 할 테니 너는 성군이 되라"고 하였다. 개국 초에 누군가가 정지 작업을 할 사람이 있어야 했다. 그 소임을 스스로 맡고 나섰으니, 그가 어떻게 이런들 엇더하고 저런들 엇더할 수 있었겠는가?

퇴계도 마찬가지다. 선생은 인생을 아무 계획 없이 낙천적으로 사신 분이 아니다. 학문의 경지를 이루기 위해 피나는 노력을 했다. 그는 20세 전후에 주역周易을 연구하다가 과도한 공부 때문에 몸이 상하여 평생에 고질이 되게 할 정도였다. 그러면서도 그는 생원시生員試, 문과 초시文科初試 등에 수석을 하지 못하고 2등으로 합격하며 문과 급제도 34세가 되어서야 겨우 올랐다. 이는 퇴계의 노력과 집념의 단면을 보여주는 것이다.

선생은 사후死後의 일까지도 철저하게 걱정하신 분이다. 임종 직전에 유계遺戒를 하였다. 그 내용은 다음과 같다. 첫째 '예장禮葬을 하지 말라.' 예조에서 국가 유공자의 전례에 따라 예장을 하려 해도 유언이라 하고 절대로 고사하라고 했다. 둘째, '유밀과油蜜果를 쓰지 말 것.' 밀가루를 반죽하여 적당한 모양으로 빚어서 말린 뒤에 기름에 튀기고 꿀을 발라 깨를 입힌 과자를 말하는데 사치와 낭비로 본 것이다. 셋째 '비석을 세우지 말라.' 묘는 비석의 높고 낮은 척수에 따라 죽은 이의 신분을 나타낸다. 퇴계는 종 1품의 정승이었으나 처사로 자처하여 조그마한 돌에 '退陶晚隱眞城 李公之墓(퇴도만은진성이공지묘)'라고만 했던 것이다.

이상 두 분 삶의 자취를 더듬어 보건대 만수산 드렁칡처럼 살고 싶다던 이방원이나, 초야우생草野愚生으로 천석고황에 젖고 싶어 하던 퇴계였지만 이런들 '엇더하며 저런들 엇더하게' 살지 않았음을 알 수 있다.

　정말, 우리는 이런들 어떠하며 저런들 어떠한 삶을 살 수 없는가? 가끔씩 정해진 모든 격식이 너무 갑갑하고 무겁고 부담스러우며 괴로울 때는 훌훌 털어 버리고 싶다. 그러나 마음뿐, 항상 한 치도 벗어나지 못하고 제자리에 머물고 만다. 위의 두 분에 연민憐憫을 가질 틈도 없이 스스로 연민에 하릴없이 웃는다. 이것이 인생인가.

유보의 땅, 모하비 사막
유자
손님

이숙진 작가 약력

경북 안동 출생(본명) 이용훈(李蓉薰)
중앙대학교 예술대학원 문예창작과 수료
국제 펜클럽 한국본부 회원. 한국 문인협회 회원
한국문인협회 동작지부 운영이사
예띠 시낭송회 동인. 글마루 동인.
실버넷 뉴스 복지 환경부 기자
헤르만 헤세 문학상 수상.
저서 :『가난한 날의 초상(수필집)』,『비밀의 뜰』,『첼
　　　로 변주곡』,『가을 나무의 독백』외 다수(공저)
e-mail : bogakae@hanmail.net
문학서재 : cafe.daum.net/lsukjin

〈법정法頂은 '우리가 알고 있고 겪고 있는 모든 괴로움은 좋아하고 싫어하는 두 가지 분별에서 온다.'고 했다. 그렇다. 내가 과연 싫어할 자격이 있는가. 모든 결과는 원인이 있듯이, 손님이 오래 머무는 환경을 만들었을 터.

겸허히 그느로고 미쁘게 대접할 일이다. 아직은 나의 손길을 끝없이 요구하지만, 때가 되면 이 또한 지나가리라.

아우슈비츠의 비극 속에서도 유대인들의 절규 한마디 "We are not last!"를 기억하자. 아직은 마지막이 아니다.

최선의 마법을 걸어서라도 손님을 배웅한 뒤 제2의 인생을 시작하자.〉

영원히 살 것처럼 꿈꾸고, 내일 죽을 것처럼 살라던 말을 되뇌게 하는 날이다.

# 유보의 땅, 모하비 사막

낙타나 오아시스도 없고 모래나 습기도 없다. 다만 답삭나룻(짧고 다보록하게 난 수염)한 텀블링 트리Tumbling tree가 있고 어느 화가의 디테일한 산수화가 있고 지평선이 있을 뿐이다. 멀리 보이는 검은 산에서는 아르헨티나의 전설을 영화화한 '나자리노'의 늑대가 나타날 것만 같다. 사랑과 슬픔이 달빛 아래 처연하도록 아름답게 묘사된 장면들. 영화 속에서 심장을 뒤흔들던 그 음악이 시나브로 가까이 다가온다.

콜로라도의 달 밝은 밤에 은빛 모래를 연상하며 차창 밖으로 목을 빼니 희끄무레한 선인장과 마른 풀들이 드문드문 보인다. 잠시 무르춤하니 졸음이 화산재처럼 내려 쌓여 꼬박꼬박 졸다가 눈을 뜨니, 이번에는 영화 '콰이강의 다리' 휘파람 행진곡이 경쾌하게 귓전을 맴돈다. 정신을 가다듬으려고 헛기침을 해 봐도 우두망찰하다.

몇 달 전 그랜드캐니언을 가기 위해 모하비 사막을 지날 때의 이야기다.

라플린Laughlin에서 출발한 버스의 맨 앞자리에서 서부 개척 영화의 주인공인 듯 고삐를 잡고 채찍을 신 나게 휘두른다. 안내원이 그랜드캐니언을 가면 턱 빠지지 않게 오른손으로 턱을 받치라고 했는데, 나는 모하비 사막에서 벌써 입이 다물어지지 않는다. 미국인의 자존심과 자부심이 공존하는 땅. 미 대륙의 동서를 횡단하는 일 마일 트레인의 끝없는 이어짐. 심심치 않게 보이는 현대 로고가 가슴 뭉클하게 하던 땅이다.

이 엄청난 사막을 15센티만 걷어내면 옥토로 변하여 전 세계의 식량을 책임질 수 있다고 한다. 우리 남한의 1.5배라고 하니 그 규모를 알만하지 않은가. 지금 캘리포니아 평야가 전 미국을 먹여 살린다는데, 전 세계를 먹여 살릴 수 있다니 과연 넓이가 대단하다.

나무가 없는 그 시커먼 산은 우리가 친환경 소재라고 선호하는 맥반석이란다. 우리가 그 돌이 내뿜는 좋은 기운을 받으려고 찜질방이다 돌침대다 하여 귀히 여기는 돌이 아닌가. 산 전체가 텅스텐 등 여러 가지 지하자원이 무궁무진하단다. 성냥갑 같은 하늘 허리에 사는 나로선 그 넓은 땅을 개발하지 않는 것이 당연히 의심스러워서 질문한다.

그 사막을 개발하지 않는 이유는 200년 후손들의 제국을 위해 유보한다는 거다. 앞으로 100년간은 미국이 제국으로서의 준비가 되어 있지만 200년 후에는 알 수 없으므로 그 후손들의 몫이라고 한다. 200년 후를 설계하는 미래지향 정신을 보면서 오늘의 헤게모니가 거저 주어진 것이 아니라고 고개를 주억거리게 된다. 문득 며칠 전 큰아들이 사는 위스콘신에 갔을 때의 일이 생각 나 피식 웃음이 난다.

 아들아이가 연구실과 학교 이곳저곳을 소개하겠다고 했다. 혹시나 해서 여행 가방에 찔러 넣었던 88올림픽 기념주화 한 케이스를 내놓으며 지도교수에게 줄 선물이니 예쁘게 포장하라고 했다. 아이가 "그 옛날에 어떻게 그런 생각을 다 하셨어요?"하며 적잖이 놀라는 표정이다. 빈티지 어미의 궁여지책이었지만, 달콤한 오해로 놔두고 싶어서, 아들 둘을 키우려면 당연한 것 아니냐며 살짝 뽐냈다.
 아이가 우리 부부를 소개하고 나서 "부모님께서 내가 열 살 때 우리나라에서 개최한 88올림픽 기념주화를 미래의 지도교수에게 선물하려고 샀었답니다."하며 내놓았다.
 뒤통수와 코는 완전 피라미드를 쌓은 것처럼 뾰족한 지도교수는 주화를 꺼내 들고 이리저리 살피고 창 쪽을 향해 햇살에 비춰 보기도 하며 귀히 여긴다. "학생도 훌륭하지만, 부모님께서는 더욱 훌륭하십니다."라며 지금 자기 아들이 열 살이란다. 아이가 88올림픽 때 부모님 손잡고 탁구, 핸드볼, 유도 경기장 다닌 이야기로 한참을 떠들고 웃었다. 모처럼 자존심이 안동포만큼이나 빳빳해진 날이었다.

지금은 코리아가 위상이 높아져서 모르는 이 드물겠지만, 그때 생각으로는 혹시 아이가 주눅이라도 들 것을 염려하여 긴 줄을 섰던 것이다.

소중한 것은 아들아이에게 훗날을 대비하라는 산교육이 되었으므로 더 흐뭇했던 기억이다.

후손을 위하여 모하비 사막의 그 많은 지하자원을 묻어두는 대국의 자세에 비하면 작은 선물 하나 미리 준비한 것 두고 설레발칠 일은 아니지만, 작을 일들이 하나하나 모이면 큰일을 도모할 수 있으니 허투루 생각할 일은 아니다.

영원히 살 것처럼 꿈꾸고, 내일 죽을 것처럼 살라던 말을 되뇌게 하는 날이다.

# 유자

탱글탱글 상큼하다. 한쪽으로 치우친 공 모양 같다. 초겨울 언저리쯤 되면 노랗게 물들어 빛깔도 곱다.

노란빛 곱기에는 가을 산기슭에서 하롱하롱 대는 산국화의 노란 유혹도 깔죽 없다. 산국화가 갈색 향기로 차오르고 노랑부리저어새가 높이 날아오면, 한 뼘만큼이나 짧아진 초겨울 햇살을 즐기는 것이 유자다.

즐기는 것이라면 귤화위지橘化爲枳 고사의 통쾌함 만 한 게 있을까. 초나라 영왕과 제나라 재상의 기 싸움에서 "회수 남쪽의 귤나무를 회수 북쪽에 옮겨 심으면 다 탱자가 돼 버립니다."라는 재상의 명답 이야기다. 가는 방망이에 오는 홍두깨 격의 답으로 초나라 영왕의 코를 납작하게 만든 영양가 있는 이야기다.

유자를 영양가로 따지자면, 비타민 C는 레몬의 세 배이며 사과의 스물다섯 배다. 특히 칼슘은 어느 과일에도 뒤지지 않는다고 한다. 동의보감에는 몸이 가벼워지고 수명이 길어진다고 했다. 모공을 수축시키고 피부를 매끄럽게 해 주어 피부미용재료로 쓰이고 가래를 삭이고 기침을 그치게 하는 데도 좋다니, 감기가 잘 걸리는 나에게는 꼭 필요한 과일이다. 게다가 서늘한 성질 때문에 가슴을 시원하게 뚫어 준다니, 늘 결핍에 시달려 가슴 답답한 나로서는 칙사 대접을 해도 과함이 없다.

해마다 유자가 눈에 띄면 가붓하게 구메구메 사 날라서 차를 담갔는데, 올해는 인터넷으로 늠연히 한 상자를 주문했다. 유자는 곰비임비 판매하는 것이 아니므로 마침 때를 잘 맞추어서 저렴하게 사게 되어 흐뭇하다.

배송되던 날은 온 집안에 유자향이 가득하여 무릉도원이 따로 없다. 모양새가 끌밋하고 색깔이 예뻐서 완전 모둠꽃밭이다. 못생겨야 상품上品 대접을 받는다던 말이 얼마나 헛말인지 깨단함이 너울진다. '사과 같은 내 얼굴' 이라는 노래는 있지만, 유자 같은 내 얼굴이란 노래가 없는 게 서운할 지경이다.

아들아이가 허브 프로방스에 잘못 온 줄 알고 엘리베이터를 탔다가 내릴 뻔했다며, 말이 억 개면 세 개가 진실이고 모두가 허풍이라는 억삼이 흉내를 내서 폭소 만발이다.

유자를 과일 전용 세제와 숯과 식초에 차례대로 세 번 목욕을 시켰다. 목욕을 마치고 나온 그것들은 노랑병아리가 되어 맑고 뽀송뽀송하니, 한바탕 벌 나비가 되어 폭신폭신 꽃 속에 노닐고 싶어 잔물진다. 사람의 마음도 목욕을 하고 나면 이렇게 맑아질 수 있다면, 두루 살 만한 세상이 되지 않을까.

　유자차를 담글 생각을 한 것이 느꺼워 채를 써는 손길이 걸싸다. 큰 함지박에 채 썬 껍질과 듬성듬성 썬 속살을 넣고 설탕으로 비빈다. 맛을 보니 첫맛은 달보드레하나 끝 맛은 씁쓸하다. 더 정확히 말하면 껍질은 향이 진하고 담숙하며 과육은 신맛이 난다. 아직 깊은 맛이 없다. 발효되지 않은 탓이다. 사람도 듬쑥해지려면 시간이 필요하듯 씁쓸한 맛이 가시려면 시간이 필요하리라.

　모든 일에 겁 없이 더펄대다가 주위에 괜한 미움을 사고 옹이를 박은 일도 발효되지 않은 탓일 게다. 제대로 된 차 맛을 음미하려면 시간이 필요하듯, 나 또한 익어서 깊은 맛이 나려면 시간이 더 필요하리라.

　유자차가 제맛을 낼 때면 친구를 초대하고 싶다. 벌써 나눠 줄 곰살가운 친구 생각이 하나 둘 달팽이 뿔처럼 고개를 든다. 이런저런 부담 없이 나눌 능력이 생기니 이 얼마나 행복한가.

　친구를 초대한다고 생각하니 떡도 만들고 싶어져서, 냉동실에서 오래 잠자고 있는 쌀가루를 채로 곱게 치고 유자와 고구마를 켜켜이 얹어서 시루에 쪘다. '세상에 이런 일이…!' 떡에 유자향이 담뿍 배어 냄새만으로도 구쁘다. 노란 유자와 보라색 고구마가 층을 이룬 것을 자르니, 한 폭의 그랜드캐니언이 탄생한다. 여태 먹어 본 떡 중에서 맛과 향, 모양과 색깔 모두가 으뜸이다.

　자신감이 생겨서 동인 출판기념회에 떡 케이크를 해 갔더니 인사와 박수를 분에 넘치게 받았다. 너울가지가 별로인 내가 떡을 해 간다는 것은 극히 이례적인 일이다. 나도 이제 조금씩 발효 중인가. 유자로 인해 이 겨울이 한없이 넉넉하다. 아니, 이 겨울과 봄이 몸을 섞을 때까지 풍성 할 것이다.

유자 껍질을 조금 말려서 책상 옆에 두었더니, 솔밭이 아닌데도 피톤치드의 맑은 향이 온몸을 감싸는 듯 청량하다. 유자는 버릴 것이 하나도 없다.

버릴 것이 하나도 없는 이 유자를 닮을 수만 있다면, 꽤 솔깃한 인생이겠다.

# 손님

손님이 오면 참 새뜻하다. 설렘과 긴장이 오롯하다. 손님의 맨드리가 단정하다면 주위가 온통 햇귀처럼 밝아진다. '사랑방 손님과 어머니'에 나오는 사랑방 손님은 또 얼마나 두근대게 한 존재인가.

예로부터 치장을 잘하는 집, 사람이 북적대고 왕래가 잦은 집은 번성하는 집이라고 했다.

집에 손님을 초대하면 음식 준비를 해야 하는데, 평소에 정리 정돈이 잘 안 된 탓에 청소가 더 우선이다.

남편이 친구를 초대할 때는 최소한 한 시간 전에는 연락을 줘야 한다. 내 성격을 아니까 한 번도 불쑥 친구를 데리고 오는 일이 없다. 계획된 초대라면 일주일 정도는 시간을 줘야 만족한다. 지금 와서 생각해 보니 다 변변치 못한 살림 솜씨 때문이지만, 나름대로 손님 접대는 잘하려고 애쓰면서 산 건 확실하다.

　몇 년 전부터 우리 집에 희귀한 손님이 찾아왔다. 교토의 어느 식당 주인은 '손님의 10분은 신이 준 시간' 이라고 한다는데, 우리는 거의 일 년 동안이나 손님이 오신 줄 모르고 살았다. 어느 날부터 옆 사람이 행동이 조금 어눌해지더니 운전 중 접촉 사고를 내고 말았다. 그때야 이 손님의 정체를 알아내고 놀란 가슴을 쓸어내렸다. 각종 모임에는 불참하게 되었고 글 쓰는 일도 시들해졌다.
　그렇게 몇 년의 세월이 흘러 심신이 지쳐갈 때쯤 지인으로부터 폐렴 백신을 맞아두라는 충고를 듣고도 그만 때를 놓쳤다.
　호되게 경을 치고 난 후에야 아침마다 은행을 볶고 고구마를 찌고 참 다래를 갈며 곰 바지런을 떤다. '소 잃고 외양간 고친다.' 는 말은 이런 게으르고 물색없는 나에게 딱 맞는 아포리즘이지 싶다.
　그 후 남편의 손님 접대용 홈웨어도 준비했다. 손님에게 곰살궂게 보이려고, 갈색 톤을 즐기는 내가 알록달록 밝은 색 문양을 사들였다. 오래 있어도 지치지 않았고 기분이 나쁘지 않다는 걸 증명하기 위하여 허밍도 자주 한다. 성대마비가 와서 노래할 수 없기 때문이다.
　'기가 차서 말이 안 나온다.' 더니 폐렴으로 달소수 동안 잠만 자는 그를 보는 충격으로, 돌 심장이라고 자신하던 내 시스템이 퓨즈가 끊어져 말을 잃어버린 거다.
　말이 잘 안 나온 지 벌써 이태가 되어 가지만 손님을 원망할 생각은 없다.

옷깃만 스쳐도 인연이라는데, 이 손님도 우리와 인연이 있어 찾아온 것이 아니겠는가.

불교에서 말하는 '인연의 겁劫'이란, 우주가 태동해서 멸망하기까지의 시간이며, 일 겁의 시간은 물방울이 떨어져 집 한 채만 한 바위를 없애는 데 걸리는 시간이라고 한다.

부부 인연은 칠천 겁이라 하니, 내 모든 것을 걸고 이 인연을 오래 지켜내야 하지 않을까.

마음이 조급해진다. 노량 하늘바래기만 할 수 없는 일이다. 우리 가시버시 하나쯤 떼어 놓는다 한들 세상은 아무 일도 없다는 듯이 잘도 돌아갈 것이다. 그건 너무 억울한 일이다.

곤히 잠든 그의 옆에 퍼질러 누워서 책을 읽다가도 갑자기 숨결이 조용해지면 실눈을 뜨고 훔쳐보는 버릇이 생겼다. 그의 관자놀이가 여리게 움직인다. 옳거니! 내 옆에서 숨만 쉬어줘도 애오라지 이렇게 고마운 것을.

지금은 상 남자가 대세라지만, 젊은 날 약주 한 잔 걸치고 코를 골기 시작하면 아미를 찡그리며 상스럽다고 마뜩찮게 여긴 일이 얼마나 사치한 응석이었든가.

법정法頂 스님은 '우리가 알고 있고 겪고 있는 모든 괴로움은 좋아하고 싫어하는 두 가지 분별에서 온다.'고 했다. 그렇다. 내가 과연 싫어할 자격이 있는가. 모든 결과는 원인이 있듯이, 손님이 오래 머무는 환경을 만들었을 터.

겸허히 그느르고 미쁘게 대접할 일이다. 아직은 나의 손길을 끝없이 요구하지만, 때가 되면 이 또한 지나가리라.

아우슈비츠의 비극 속에서도 유대인들의 절규 한마디 "We are not last!"를 기억하자. 아직은 마지막이 아니다.

최선의 마법을 걸어서라도 손님을 배웅한 뒤 제2의 인생을 시작하자.

그러자면,

남편의 손님 파킨슨 씨와 더욱 친해질 일이다.

정보 마당에 뛰어나가 소통할 일이다.

집안 곳곳 치장도 잘할 일이며 마당을 쓸고 풀도 열심히 뽑을 일이다.

사립문을 활짝 열고 푸네기들을 불러 접대도 할 일이다.

손님에게 기쁨조가 되어 재롱잔치도 할 일이다.

나는 마음을 치료하는 의사이니까……

장미, 타다
바다에서 강물을 만나다
얼음재

김정화 작가 약력

경남 김해에서 출생하였으며, 경성대학교 국어국문학과 석사과정을 마쳤다. 2006년 『수필과 비평』지로 등단. 한국PEN클럽, 한국문인협회, 부산문인협회, 수필과비평작가회의 회원이며, 〈부산남구신문〉 기자, 월간 『문학도시』 편집기자로 활동 중이다. 제3회 천강문학상, 제19회 부산문학상 우수상을 수상하였고, 수필집 『새에게는 길이 없다』를 발간했다.
E-mail : jung-0324@hanmail.net

나긋나긋한 허리를 구부려 씀바귀를 캐시던 어머니의 슬픈 희망이 떠올랐기 때문이다.

필터만 남은 장미 한 개비를 쥔 그를 바라본다. 처음 만났을 때 환하게 웃음 지어 주던 표정은 그대로이건만 사십 년 세월은 흔적도 없이 타버렸다.

마주한 깊은 동공에서 그날의 내 모습이 흔들리고 있다.

## 장미, 타다

현관문을 들어서는 순간, 바깥세상이 문을 닫는다. 복도를 지날수록 배에 올랐을 때처럼 허공을 딛는 느낌이 차오른다. 형광 불빛에 비친 흰색 벽이 투명하리만큼 정갈한 이곳에서는 육신마저 고요해진다.

노인요양병원은 도심 속의 섬이다. 그곳에 사는 환자들은 섬 위로 떠밀려온 낡은 배처럼 움직일 줄 모른다. 조는 듯 가물대는 신세가 어쩔 수 없어 차라리 닻을 내리고 송판 하나까지 모두 거두고 싶지만 생각할 기력조차 남아있지 않다. 그들을 지켜보고 있노라면 사는 건 주어진 시간을 송두리째 태우는 것이라는 말이 떠오른다.

나는 가끔 미완의 생에 멈춘 그를 만나러 간다. 노인요양병원 204호실이 그가 머물고 있는 곳이다. 삼십 대에 뇌출혈로 반신불수가 된 후 이십 년째 병원을 옮겨가며 투병 중인 그는 한때 영민

하다는 칭찬을 들었다. 그러나 지능은 어린아이 수준으로 떨어졌고 기억상실과 언어장애까지 겹쳐 "예, 아니요."라는 간단한 대답만 건넬 뿐 시선은 늘 허공을 맴돌고 있는 듯하다. 곁을 지키는 가족들도 이젠 회생의 희망을 지우고 그를 대할 때면 빙긋 웃어줄 정도로 아픔이 무뎌졌다. 기가 막히면 울 웃음이 된다는 이야기가 여기서도 예외가 아니다.

요양보호사가 병실 문을 두드려 환자의 주의를 끈다. 물끄러미 창밖을 내다보던 그가 환하게 얼굴을 편다. 기억의 끈을 애써 잡으려는 표정이 안쓰러워 나도 덩달아 세월의 강을 되올라가곤 한다. 이곳에 올 때면 몇 가지 준비하는 것이 있다. 재래시장에 들러 그가 옛날 즐겼던 튀김 통닭과 박하사탕과 노랗게 구운 쌀과자를 산다. 오늘은 어쩌면 하는 가냘픈 희망으로 묵은 사진도 서너 장 챙긴다.

무엇보다 장미 담배를 빠트릴 수 없다. 장미라는 이름이 천덕꾸러기가 되어버린 것은 담배뿐일 정도로 요즈음의 애연가들은 거들떠보지 않지만, 유달리 노인들이 많은 골목동네인 덕에 우리 집 근처 슈퍼에서는 아직도 이 담배를 판다. 담배 한 보루를 사 들고 돌아올 때면 나도 모르게 옛 노래를 흥얼거린다. "사랑하는 옆 친구들은 모두 사라졌고 이제 남은 게 아무것도 없네."라는 노랫말이다. 여름날 홀로 핀 마지막 장미꽃 한 송이도 그럴 것만 같다.

그날은 울타리마다 장미가 햇볕에 타던 오월이었다. 여덟 살 시골아이였던 나에게는 꽤 조용한 오후였다. 어머니는 시골 장을 보러 나갔고 아버지는 종일 방안에서 글을 읽고 있었다. 집 앞 개울에서는 물소리가 풀렸고 장미는 오후의 나른한 열기를 받으며 선홍빛으로 타올랐다. 땅바닥에 떨어진 장미 꽃잎 몇 조각이 까맣게 말라가고 있었다. 꽃은 피는 게 아니라 탄다는 어쭙잖은 생각을 하면서 울타리 곁에 서성였을 때, 그가 논둑길을 따라 우리 집을 찾아왔다.

우리는 같은 아버지에게서 태어났다. 그러나 어머니는 달랐다. 아버지는 그와 십 년을 살다가 나와 함께 십 년의 곱절 세월을 보냈다. 그는 당연히 민감한 사춘기 시절에 아버지의 자상한 보살핌을 받지 못했다. 배다른 누이동생에게 미움이 있으련만 구포에서 김해까지 갈대밭을 가로지르며 더 어린 나를 찾아 반나절을 걸어왔다. 까매진 얼굴에서는 먼지 낀 땀방울이 흘러내리고 있었다. 그는 아버지에게 인사도 하기 전에 쌀과자 봉지를 말없이 나에게 건넸다. 지금 내가 빙실에 가져온 그런 과자였다. 나는 지금처럼 환한 웃음을 머금은 그의 눈동자를 똑바로 바라보지 못하여 장미 덩굴에만 눈길을 주었다.

그 후 몇 번 더 그의 아버지가 계시는 우리 집을 찾아왔다. 그는 올 때마다 조그만 선물을 건넸지만 기억나는 건 처음 만난 날의 개울물 소리와 장미 향기와 따스한 손길뿐이다. 그래도 갈대의 풋기가 마음을 달뜨게 하는 초여름쯤이면 그의 나직한 발소리를 은근히 기다리곤 했다. 그리고 사십 년 세월이 흘렀다.

장미 담배 보루의 포장을 빗겨 냈다. 붉은 테두리를 두른 담뱃갑에는 넝쿨을 말아 올린 금빛 장미 한 송이가 박혀있다. '장미' 라는 선명한 상표보다 영어로 쓰인 '달콤한 초콜릿' 의 어감이 매번 가슴을 쓰리게 한다. 달콤하게 태우라는 것인지, 태우면 달콤하다는 뜻인지 모르지만, 자극적인 문구가 은근히 호기심을 불러일으킨다. 그가 장미 담배 한 개비를 입에 물었다. 가지런한 잇몸 사이에서 흰 연기가 뿜어 나올 때마다 손가락이 가냘프게 떨렸다. 빨갛게 타들어 가는 장미를 지켜보면서 인생은 저렇게 태워야 한다는 생각이 들었다. 그러나 무엇이든 다 탈 수가 없다. 인생도 나무도 끝까지 타지 못하는 경우가 많다. 그것이 생명체의 꿈이고 숨 타는 희열이라면 남은 삶은 아쉽기 마련이 아닌가. 잉걸불이 되지 못한 채 꺼져버린 장작 같은 낡은 몸일지라도, 훌훌 태우고 싶은 본능을 잊지 못하는지 여전히 장미 담배를 붙들고 있다.

쉰을 훨씬 넘긴 그를 지켜보는 동안 예순을 가까스로 넘겼던 또 다른 쇠락한 얼굴이 겹쳐진다. 담뱃대를 손에서 놓지 않던 아버지의 모습이다. 아버지도 궐련을 즐겼으니 장미 담배를 분명히 찾았을 것이다. 갑자기 앞이 흐려진다. 병실을 채우는 담배 연기 때문인지, 아니면 아버지를 닮은 그의 눈빛 탓인지 알 수 없다.

그가 담배를 곁에 두는 이유는 장미라는 이름 때문이 아닐까. 어쩌면 함께 물끄러미 쳐다보았던 장미 울타리를 기억하는지도 모른다. 그 잔상을 되살릴 수만 있다면 그를 장미 울타리 곁에 나란히 세우고 싶다. 알알한 기분을 떨치려고 옛 사진을 보여 주어도 여전히 고개만 내젓는다. 망각은 언젠가 찾아오는 손님이지만 때 이른 나이에 기억을 잃는다는 것은 자신뿐만 아니라 시간마저 지우는 일이다. 자신이 누구였는지 알지 못할 정도라면 어찌 그 어느 날의 만남을 기억이나 할까. 장미가 탄 흰 재가 간들거리는 순간, 목울대에서 '예전처럼'이라는 말이 솟구쳐 오른다. 이처럼 상그러운 말도 이젠 그와 나 사이에 사라져 버렸다.

　병실을 둘러본다. 벽에 붙은 철제침대 곁에는 여행 가방 크기의 사물함이 놓여 있다. 그 속에는 서너 벌의 옷, 컵 한 개, 반쯤 뜯긴 박하사탕 한 봉지, 그리고 피우다 남은 장미 담배 한 갑. 그게 다였다. 떠돌이 선원의 짐처럼 적고 떨어지는 장미 잎만큼 가볍다 못해 휑하다. 소지품을 정리해나가는 내 손이 옛날 과자 봉지를 받았을 때처럼 저릿해진다.

　필터만 남은 장미 한 개비를 쥔 그를 바라본다. 처음 만났을 때 환하게 웃음 지어주던 표정은 그대로이건만 사십 년 세월은 흔적도 없이 타버렸다.

　마주한 깊은 동공에서 그날의 내 모습이 흔들리고 있다.

## 바다에서 강물을 만나다

　오륙도 선착장에서 누운 바다를 본다. 수평선에 기댄 바다는 초록 섬들을 보듬고, 그 섬들은 어깨로 파도를 다독이고 있다. 여객선 한 척이 빗금을 긋고 가니 바람이 밀려와 물이랑을 만든다. 파도의 장단에 몸을 싣고 낮게 내려오는 저 물살, 바람결 따라 흐르는 저 물결 소리.
　귀에 익다. 들은 적 있다. 바다를 향해 가장 낮은 물길을 쫓아온 저 물살은 본디 강물이었을 터. 바다에서 강물을 본다. 구불구불 흐르는 개울물 소리를 듣는다. 그 소리를 거슬러 오르면 오래전 바다였던 옛 땅을 만나게 된다. 바다 속의 섬이 있듯이 들판 속에 묻힌 바다가 있다. 바다가 아니라도 파도가 잠든 곳, 모래벌판이 없어도 조개더미가 밟히는 곳. 그곳이 내 고향 마을이다.
　나는 김수로왕이 여뀌 잎처럼 좁은 땅이지만 길한 곳이라고 지목한 김해의 한 외진 마을에서 태어났다. 금관가야 시절 김해평야가 바다였다는 기록이 아니어도 고향 마을 이름을 읊조리면 언제나 물결 소리가 들리곤 한다. 내 고향은 행정상 지명보다는 새내마을 혹은 쇠내마을이라는 구전 이름으로 더 많이 불렸다. 간혹 농한기가 되면 동네 사람들이 모여앉아 마을 이름의 유래에 대해 가벼운 논쟁을 벌이곤 했다. 논길 옆의 샛강 역사가 오래되지 않아 '새내'라는 측과 강이 소의 냇물이니 '쇠내'라든가, 강물에 염수가 끼어 토질이 쇠 같으므로 '쇠내'라는 등의 주장이 오갔지만, 결론은 언제나 흐지부지되었다. 아무래도 나는 그게 더 좋았다.

장마철만 되면 읍내 아이들이 "새네, 새네, 비가 새네." 하며 놀리던 '새네'도 괜찮았다. 바다의 흔적은 인근 마을의 이름들에도 고스란히 남아 갯내음을 풍긴다. 남으로는 녹두처럼 작은 섬인 녹도에서 유래한 '녹산綠山'이 펼쳐졌고, 서쪽에는 똥매마을로 불리던 덕지도의 새 이름 '송산松山'이 우뚝 솟아있었다. 지평선 끝자락에 보이던 종소리가 나는 섬 '명지도鳴旨島'에서는 해조음이 울리는 듯했고, 댓섬이던 '죽림竹林'과 낙동강이 바다에 걸쳐 있던 옛 무인섬 '가락동駕洛洞'까지 정겹지 않은 곳이 없었다.

사방은 논이었다. 어둠살이 처지면 지평선이 커다란 원을 그리며 내려앉았다. 그때 즈음 논 한가운데 우뚝 솟은 송신탑이 불을 밝혔다. 빨간 불빛은 빈 허공에 점을 찍듯 세 군데에서 번갈아 깜박였다. 밤하늘의 별들 아래 수직으로 떨어지던 붉은 불덩이. 오래도록 쳐다보고 있으면 까닭 없이 고독해져서 눈이 시렸다. 송신소 불빛을 우리는 들판의 등대라 불렀다. 어릴 적 나는 그 등댓불을 보며 아버지의 늦은 귀가를 기다리고, "이바구 떼바구 강떼바구……"로 시작되는 어머니의 무서운 옛이야기 소리와 보릿대로 태우는 매캐한 모깃불 연기를 맡으며 잠들곤 했다.

바다에 가지 않고도 바닷물을 만나던 시절이었다. 내가 초등학교 4학년 때 처음으로 동네에 공동 수도가 놓였다. 수도가 생기기 전에는 윗동네 길모퉁이에 식수로 쓰는 단우물이 하나 있었는데, 지금도 눈 감으면 우물물을 긷고자 서 있던 긴 줄이 문풍지에 비친 그림자처럼 아른거린다. 물론, 우리 집 근처에서도 몇 번이나 우물을 팠으나 그때마다 짠물만 솟았다. 짠 우물물은 평소에 허드렛물로 사용했는데 손이 시리도록 차가워서 수박이나 참외를 담가 두거나 등목을 하며 더위를 식혔다. 바다는 땅속에서도 본성을 지켜내고 있었다.

당시 마을 앞 샛강에는 재첩을 실어 나르는 나룻배가 갈대숲을 헤치며 들어왔다. 동네 아낙들은 대부분 그 재첩을 받아 장사했다. 내 어머니도 예외가 아니었다. 새벽녘이면 재첩국을 담은 양철 동이를 이고 안개가 휘둘린 두렁길을 걸어 읍내로 장사를 나갔다. 그때의 재첩 알은 어찌나 굵고 쫀득했는지 씹는 맛이 일품이었지만, 그보다 더 잊지 못하는 것은 파란 강물 같은 재첩 국물의 물빛이다. 마치 강물을 떠서 옮겨온 듯 투명했고, 푸른 하늘이 내려앉은 것처럼 맑고 고요했다. 지금도 나는 밥상 위에 재첩국이 오르면 선뜻 숟가락을 들지 못한다. 낡은 짐자전거 위에 재첩 자루를 싣고 오던 아버지의 구릿빛 얼굴, 무쇠솥 가득 뜨겁게 뿜어내던 비릿한 재첩 내음, "재칫국 사이소." 외치며 발품을 팔던 어머니의 여윈 목소리. 다시 볼 수 없는 풍경으로 남았다.

세상의 빈칸이 바다이듯이 내 마음의 여백은 온통 유년의 기억이다. 어른이 된 후에도 꿈을 꾸면 흙담이 있는 고향 집으로 단숨에 달려간다. 언젠가 고향 집이 있던 집터를 찾아가 섧게 운 적이 있는데, 꿈속에서도 갈대가 부비는 집 앞 개울이 나타나면 꺽꺽 목이 메도록 잘 운다. 그래서 나는 꿈이 반대라는 속설보다 꿈은 현실의 그림자라는 생각을 곧잘 한다. 돌이켜보면 가난했지만 내 생애에 가장 행복했던 순간이 그때이다. 이제 옛집은 없어지고 지도에는 반듯한 새 길이 그어졌다. 늙은 부모님 목소리도 다시는 들을 수 없다. 그래서 슬프고 더욱 그립다.

어느새 오륙도 밭섬의 등대가 불빛을 내고 있다. 내 기억의 들판 송신탑에도 불이 켜진다. 파도 소리, 귓전에서 부딪힌다. 개개비가 발을 담갔던 고향의 샛강 물소리가 들린다. 재첩 국물 같은 파란 강이 바닷속으로 흘러들어온다.

# 얼음재

가끔 겨울 산을 오른다. 운이 좋으면 서리꽃이 핀 고사목과 설화雪花 그림자를 안은 화석 같은 바위를 마주할 수 있다. 그러한 겨울 산에 눈발이라도 내리면 사람도 순백의 고운 나무가 되는 것을.

고운 빛, 고운 색깔이란 말에서 문득 젖은 음성 하나 묻어나온다.

"색깔 고븐 옷 좀 입고 댕기라."

아득한 내 어머니 목소리다.

나이가 들어갈수록 겉모습에 자신을 잃어간다. 그러다 보니 새 옷을 살 때마다 옷 색깔을 많이 고민하게 된다. 채도가 낮거나 무채색을 선호하는 편인데, 이러한 취향은 비단 어제오늘 일이 아니다. 재기 발랄한 여고생 때도 중늙은이처럼 회색 스웨터나 검정

바지를 주로 골랐다. 그러면 어머니는 "야야, 그기 그래 맘에 맞나?" 하며 옷값을 선뜻 치르지 못한 채 화사한 색깔 옷에 눈길을 주고 서성이셨다.

다채로운 색이 세상에 많지만, 어머니의 색은 '고븐 색'과 '안 고븐 색'인 두 종류로만 나뉜다. 옥색과 분홍색, 참외 물이 든 것 같은 치잣빛과 봄꽃처럼 밝은색은 '고븐 색'이고, 회색과 검정, 흙탕물을 섞은 듯한 갈색과 겨울 부엽토 같은 칙칙한 색깔은 '안 고븐 색'이다. 그러니 내가 입은 어두운 옷은 당최 어머니 눈에 찰 리가 없었다.

라스트 콘서트라는 영화를 종종 생각한다. 마지막 장면이 가슴을 때린다. 불치의 병에 걸린 스텔라는 연인 리처드가 재기의 무대에 서는 날, 자신을 위한 피아노 연주곡 '스텔라에게 바치는 콘체르토'를 들으며 생을 마감한다. 삶의 끝도 언제나 혼자인 법. 그러나 사랑의 눈길을 기억할 수 있다는 것은 얼마나 다행한 일인가. 마음이 무너진다. 저승의 어머니는 내게 얼마나 할 말이 많을까. 당시 '고븐 색'만을 고집한 건, 훗날 딸의 삶도 곱게 채색되길 바라는 마음이 앞섰기 때문일 게다.


바위능선을 따라 비탈진 산길을 걸어본다. 겨울 산은 온통 적갈색 마른 잎이 낮게 엎드려 있다. 키 큰 산벚나무가 싸리비 같은 가지만 남긴 채 옹이진 속을 훤히 드러내었다. 저 나무들도 지난봄에는 녹의홍상 치장을 하고서 행락객의 눈길을 옭매었을 것이다.

사람들은 자연의 겉만 보고 곱다고 생각한다. 봄꽃과 여름의 녹음과 가을 산의 갖가지 색을 자연의 '고븐 색' 이라 여긴다. 그러기에 우리는 꽃이 진자리와 단풍을 떨어뜨려 낸 나무를 눈여겨보려 하지 않는다.

아름다움이란 열정 뒤에 남는다. 한나절 뿜어내던 해의 그림자인 석경夕景에 탄성을 지르고, 화르르 무너져 내린 동백 꽃잎에 눈길 떼지 못한 이유가 여기에 있다. 겨울나무가 굳은 몸으로 서 있어도, 강물을 건너오는 빈산이 꽃 빛을 담아내지 못해도 그것은 단지 회색이거나 갈색이라고 부를 수 없다. 심안을 뜨고 본다면 사계절 빛깔이 스며 있다는 걸 알게 되니까.

자연의 진정한 색은 겨울 색이라 생각된다. 황량하고 삭막하다고 여기는 겨울의 '안 고븐 색' 이야말로 한해의 결산인 셈이다. 유채색 계절에 뒤이은 겨울 빛깔은 나머지 계절을 모두 더한 색이니 이것이야말로 진정한 '고븐 색' 이 아닐까.

차가움도 뜨거움 뒤에 따른다. 그러니 열정이 식었다고 냉정히 돌아설 일도 아닌 듯싶다. 때로는 해토머리 무렵, 물기 없는 화초 뿌리에서 숨은 촉을 발견하듯이 비워낸 것들에 대해 되돌아보는 용기도 가져야 한다. 내 마음 둥치에는 얼마나 많은 무심결이 박혀 있을까.

카메라 렌즈를 통하면 세상이 새롭게 보인다. 그동안 조리개를 열고 앞의 대상만 잘 찍으려 카메라를 바싹 들이대었다. 그러다보니 깊이 있는 사진을 찍은 일이 드물었다. 사는 일도 마찬가지일 게다. 현실의 집착에서 벗어나 지나온 길의 틈새도 포용하려

노력해야 하는 것을.

　타는 게 어디 불꽃뿐일까. 나는 이번 겨울 어느 날, 주흘산 얼음 계곡을 유심히 살펴본 적이 있다. 밤새 얼었던 계곡물이 한낮의 햇빛에 서서히 녹기 시작할 때, 내 눈에 착시현상이 일었다. 얼음에 불꽃이 일고 뚝뚝 잿물이 떨어지기를 반복하더니 저녁 무렵이 되자 얼음은 더 녹지 않았다. 가장자리에 남은 것은 영락없이 타고 남은 얼음재였다.

　파사한 얼음재는 청기 어린 순백의 색을 담고 있었다. 그것은 내가 지금까지 보아왔던 어떤 색보다도 '고븐 색'이었다. 색깔 고운 옷 한 벌 입은 계곡물이 얼음재 아래로 묵묵히 흐르고 있었다.

　하얀 얼음재. 나는 자연의 겨울 색에서 잊었던 목소리 하나 기억해내었다.

　"색깔 고븐 옷 좀 입고 댕기라."

삶의 목적은 긍정적이어야 한다. 삶을 가치 있게 만들기 위해
인간 본연적인 선한 성격을 키워야 한다.

나의 뫼山 사랑
부치지 못한 편지
은근초란 이름의 상추 보쌈이여!

### 김우영(金禹榮) 작가 약력

충남 서천에서 출생.
동국대 문화예술대학원 문예창작과 수료.
국립 한밭대학교 중국 아카데미과정 및 대전대학교 평생교육원 한국어 지도사과정 수료, 화신 사이버대학교 한국어교육학과 재학중 1989년 『한국수필』지와 『시론』지에 각 각 2회 추천 완료 문단에 등단.
장편소설집 『월드컵』, 단편소설집 『라이따이한』외 저서 총29권 출간.
한국문예대상, 서울특별시 시민대상, 독서문화공로 문화관광부 장관상, 한글유공 대전광역시장상, 한국농촌문학상 대상 농림부장관상, 대한민국 디지털문학 소설부분 대상, 2011년 문학작품대상, 중국 길림신문사 세계문학상 수필부문, 제1회 중국 두만강문학상 수상 등 다수.
한국문인협회, 한국소설가협회, 국제펜클럽한국본부, 한국문학비평가협회, 한국문학세상, 문학세상, 문예마을, 한국문학신문(국보문학)회원, 대전중구문학회·한국해외문화교류회 사무국장. 2009년 문화체육관광부 전국 지역예술가 40인 선정 제주도 4박 5일 국비 연수.
편지통 siin7004@hanmail.net
작가방 http://cafe.daum.net/siin7004

<사회적으로도 산림 세라피를 통하여 나라 전체의 의료비 지출을 줄일 수 있게 되기를 기대하고 산림 세라피에 많은 관심을 보이고 있다. 현대병으로 알려진 고혈압, 당뇨, 스트레스성 질환 등으로 개인과 사회가 지출해야 하는 의료비는 매년 천문학적인 숫자를 넘어서고 있다. 혹자는 심한 감기가 한번 유행하고 나면 한 해 동안 열심히 반도체를 수출해서 벌어들인 것이 물거품처럼 사라지고 만다고 이야기한다. 이러한 의료비의 지출은 사회가 고령화되어감에 따라서 점점 더 늘어날 것이다. 따라서 국민이 가벼운 감기에도 병원을 찾고 약에 의존하던 습관을 버리고 숲 속에서 적절한 운동으로 건강한 몸과 마음을 만들어서 병을 예방하는 습관을 지닐 수 있도록 지원하여 의료비의 지출을 적극적으로 줄이려는 것이다.>

우리도 신(神)이 준 자연을 더욱 아름답게 가꾸어서 신에게 돌려줄 줄 아는 민족, 복 받을 문화민족이 되어야겠다.

## 나의 뫼山 사랑

　직장 정년 후에 들어가 초가를 짓고 살 곳을 찾느라고 나는 요즈음 농촌의 산을 자주 기웃거린다.
　전국의 웬만한 산이란 산은 거의 가 본 셈인데, 느끼는 것은 가는 산이 다 저마다의 모습과 정취가 다르다는 것이다. 어느 산은 장엄하고, 어느 산은 고요하고, 어느 산은 넉넉하고 말이다.
　수많은 모양과 자세로 우리 인간을 맞아주는 산이야말로 우리의 고향이요, 어머니여서 세속에 찌든 우리를 말없이 편안하게 보듬어 주는 것이다.
　이런 산의 넉넉한 품새가 좋아 난 더욱 산에 매료되어 더욱 산을 찾아 길 떠나는 것이다. 이번 주말과 휴일에도 훗날 내가 머물 세속의 끝자락 산을 찾아 길 따라 떠날 것이다.
　내가 산을 좋아하게 된 원인은 경북 안동에 사는 '류○○'라는 어느 산사랑의 공직자(뫼시인)를 만나고 부터이다. 이 분은 핸드폰

컬러링부터 모든 것이 산으로부터 출발하여 산으로 세상이 지나가고 결국 산으로 귀결된다는 산과 숲에 대한 산사랑이었다.

집도 나무로 지은 통나무집, 음식은 산나물, 볼거리도 나무와 단풍이요, 무색무취무미無色無臭無味라. 만나는 사람마다 애오라지 산 이야기뿐이며 산에서 지은 뫼시山詩 일색의 찬양 이야기이다. 따라서 자주 만나는 우리도 이젠 산 이야기 빼면 할 말이 없을 지경이다.

류 시인은 평생 공직자 생활 중에도 주말과 휴일을 반납하고 작업복 차림에 도시락 하나 둘러메고 산에서 산으로 다니며 살아가는 산사람 뫼시인山詩人으로서 그렇게 존경스러울 수가 없었다.

그 후 난 이 분의 문학과 산 사랑에 인연이 골이 이어져 지금껏 산을 맴돌며 행복한 산에서 사는 것이다. 오늘도 내일도 나의 산에 대한 사랑은 지속할 것이다. 이후 난 산에 대한 자료와 연구가 시작되었다. 내가 조사하고 연구한 산과 숲의 정체에 대하여 접근해보자.

# 자연이 왜 좋은가?

우리 인간이 도시를 벗어나 산이나 숲으로 귀의하는 자연에의 찾음은 단순한 일이 아니다.

자, 생각해보자. 우리가 도시를 떠나면 음식물 배출량이 줄어들고 외식문화가 감소할 것이다. 또한, 라면이나 기타 가공 식품 량도 자연히 줄어들 것이다. 대부분 산에 가면 자연식을 하기 때문이다. 그리고 집 앞의 텃밭을 가꾸고 산으로 들로 다니므로 인간의 운동량도 늘어난다. 또한, 각박한 주변의 사회 환경과 사람들로부터 받는 스트레스도 당연히 줄어들 것이다.

이런저런 어려움이 줄고 아름다운 자연과 함께 깨끗하고 조용한 환경에서 살아가다 보니 스스로 건강하고 활기찬 엔돌핀이 살아날 것이다. 기타 도시에서 받는 공해와 소음 등으로부터 답답하거나, 짜증스러운 일이 없어 현대인의 가장 심각한 병인 피로 증후 감이 줄어들 것이다.

평소 도시에 살 때는 휴일에 늦잠을 자고 휴일 온종일 할 일 없이 놀아도 쉽게 피로가 풀리지 않았는데, 이제는 산이 있는 자연과 만나니 조용한 집에서 하루 푹 자고 나면 아주 상쾌한 하루가 된다.

이것이 내가 산을 좋아하고 찾는 이유 중에 하나이다.

## 산을 찾으며 변한 일

내가 산을 찾으며 더러 당혹한 일은 바위에 부딪히거나, 벌에 쏘이거나, 뱀을 만나 놀라던 일 등이 있다. 산에서 살다 보면 병원도 멀고 문화공간의 부족 등 여러 가지 문명의 혜택으로부터 거리가 생길 수 있다. 그리고 우리 현대인들을 괴롭히는 많은 질환이 도시의 환경공해에서 생긴다. 나도 바쁜 도회지 생활 탓에 불면증과 두통이 심했다. 또 피로 후에 생기는 붉은 반점이나 두드러기가 자주 생겼다. 그래서 '혹시 내가 아토피인가?' 하고 걱정했었다. 그러나 산을 찾기 시작하면서 이런 우려를 말끔히 벗어 버렸다. 아주 신기한데도 말이다. 이를 보고 영국의 '호킨즈' 박사는 지적했다.

"시골의 맑은 공기엔 이온이 일천 개 일 때 도시에는 겨우 절반밖에 안 되어 심한 두통과 몸살증세를 앓는 원인이 된다."

동물학자 '에즈먼드 모리스'도 그의 저서에서 이렇게 말했다.

"야생의 동물에게서는 절대로 볼 수 없는 자학이나 파괴 등의 이상한 행동을 동물원의 동물들에게서는 흔하게 관찰할 수 있다. 그리고 동물들이 보여주는 이상한 행동은 인공 도시환경 속에서 생활하고 있는 현대인의 행동과 매우 비슷하다. 따라서 파괴적 행동이나 집단 따돌림, 자살, 우울증 등 오늘날 사회적 문제가 되고 있는 여러 가지 행동이 인간이 자연을 떠나 도시라고 하는 '인간 동물원' 속에서 살기 시작하면서 생긴 것이다."

고도로 발달한 현대의 문명생활 속에서 부족함이 없이 살아가는 우리는 무엇이 부족하여 허둥댄단 말인가? 먹을 것, 입을 것, 가질 것 등 우리가 원하는 모든 것을 얻을 수 있다.

그러나 도시의 현대인들한테는 왜 이리 아프고 사건·사고들이 자주 일어나는가? 이는 우리가 버려놓은 불안한 환경과 자연의 파괴 등 도시환경의 열악한 문제점과 인간이 갖는 욕심과 명예욕이 불러들인 결과이다.

자, 이러하니 어찌하려는가?

답은 하나이다. 멀리도 아닌 가까이 있다. '자연 숲으로 돌아가자!' 우리에게 필요한 것은 대자연이 주는 넉넉함과 과묵함, 겸손 그 자체이다. 이러한 자연의 숲에서 건강한 몸과 마음으로 살아야 한다. 그러자니 우리의 안식처인 숲을 보존하고 잘 가꾸어야 할 과제가 우리한테 있는 것이다.

이제 숲을 이용한 야외휴양활동으로 건강한 육신과 마음을 만나야 한다. 이래야만 자연과 인간의 단절된 대화의 통로를 만들고 답답한 시멘트 숲의 도시를 살리는 일이다.

근래에는 숲을 이용한 휴양활동이 늘고 있다. 자연휴양림, 생태경관 조성, 숲 마을, 숲 문화 등 다양한 형태로 숲을 찾고 있다. 점점 숲을 이용한 인간의 건강 치유 공간으로 한층 활발해지고 있으며 자연을 이용한 신체의 면역력을 높이고 질병의 발생을 예방한다는 차원에서 본다면 희망적이다.

## 일본의 산림 세라피기지의 활용

일본 삼림총합연구소의 박범진 연구원이 조사한 내용에 의하면 이렇다.

가까운 일본은 숲의 자연환경을 이용하여 일상생활에 지친 현대인의 몸과 마음을 치유하는 것을 '산림 세라피'라고 정의하고 산림 세라피의 효과를 과학적으로 증명하기 위한 연구를 추진하고 있다. 정부 주도하에 대학과 연구소 등의 연구기관과 기업, 지방자치단체가 하나가 되어 컨소시엄을 가진다. 그리고 전국 각지의 숲에서 숲의 치유 효과를 밝히는 실험을 하고 있으며, 그 결과를 바탕으로 전국의 아름다운 숲 중에서 치유 효과가 있는 것으로 조사된 숲을 산림 세라피 기지(건강증진을 위한 휴양림)로 인증하고 있다. 일본은 산림을 통해 건강한 국민을 위하고 더 나은 복지국가로 변신하기 위해 이 프로젝트를 실현하고 있다.

일본의 산림 세라피 프로젝트는 아름다운 숲이라는 자원이 있는 지역과 국민 모두에게 매우 큰 기대를 받고 있다. 값싼 수입 목재 때문에 나무를 키워서는 생활할 수 없어진 산촌에서는 지역이

가지고 있는 아름다운 숲을 세라피 기지로 인증받아 산림세라피를 즐기려는 도시의 휴양객을 유치할 수 있는 건강생태관광 마을로의 변신을 꾀하고 있다. 산림 세라피를 이용한 지역경제의 활성을 기대하고 있는 것이다.

국민은 숲 속에서 여가를 즐기면서 몸과 마음의 건강도 되찾을 수 있는 질 높은 산림 세라피 서비스를 기대하고 있다.

사회적으로도 산림세라피를 통하여 나라 전체의 의료비 지출을 줄일 수 있게 되기를 기대하고 산림 세라피에 많은 관심을 보이고 있다. 현대병으로 알려진 고혈압, 당뇨, 스트레스성 질환 등으로 개인과 사회가 지출해야 하는 의료비는 매년 천문학적인 숫자를 넘어서고 있다. 혹자는 심한 감기가 한번 유행하고 나면 한 해 동안 열심히 반도체를 수출해서 벌어들인 것이 물거품처럼 사라지고 만다고 이야기한다. 이러한 의료비의 지출은 사회가 고령화되어감에 따라서 점점 더 늘어날 것이다. 따라서 국민이 가벼운 감기에도 병원을 찾고 약에 의존하던 습관을 버리고 숲 속에서 적절한 운동으로 건강한 몸과 마음을 만들어서 병을 예방하는 습관을 지닐 수 있도록 지원하여 의료비의 지출을 적극적으로 줄이려는 것이다.

최근 일본에서는 건강을 위하여 출퇴근 시간이 더 걸리더라도 자연환경에 가까운 곳으로 삶의 터전을 옮기거나 도시를 떠나서 시골 마을로 이주하는 사례를 종종 볼 수 있다고 한다.

## 우리가 가야 할 숲 사랑

우리나라도 최근 '웰빙' 과 '라이프 로하스' 등의 슬로건으로 숲 사랑이 번지고 있다. 바람직스런 현상이다. 일류대학을 나와 대기업에서 일하던 젊은 부부가 건강하고 행복한 삶을 위해서 직장을 버리고 도시를 떠난 일이 언론에 화제가 된 적이 있다. 그로 인해 숲에 대한 사랑이 나의 눈을 뜨게 하였다.

우리는 아직 준비가 미흡한 단계이지만 차분히 준비하여 일본의 산림 세라피 같은 연구 인력이나 사회적 지원을 확대하여 숲과 가까워져야겠다.

유럽과 독일에서도 실제로 자연휴양림에서 휴양할 경우에 의료보험에서 자연휴양림에 체재하는 비용 일부를 지원하거나 의료보험료를 감면해 주고 있다. 자연의 대표적인 독일의 시인 '괴테' 는 이렇게 말했다.

"자연은 농담하지 않는다. 자연은 늘 진실하고 늘 진지하며 늘 엄격하다. 자연은 어제나 옳고 언제나 잘못과 실수를 범하는 것은 사람이다. 자연을 이해하지 못하는 사람을 경멸하며 오직 정당하고 순수하며 진실한 사람에게만 자연은 자신의 비밀을 공개한다."

우리도 신神이 준 자연을 더욱 아름답게 가꾸어서 신에게 돌려 줄 줄 아는 민족은 복 받을 문화민족이 되어야겠다.

## 부치지 못한 편지

어머니!

어제는 어느 시골 마을에 갔다가 저를 알아보는 아주머니를 만났습니다. 생활에 찌들어 고생을 듬뿍 하신 듯 여윈 얼굴에 광대뼈가 불룩하고, 때 묻은 전대를 두른 모습이 십여 년 전 사과 장사 하시던 어머님의 모습 그대로였습니다.

"어머니가 혹시 사과 장사 오래 하시지 않았나요?"

"네, 맞습니다. 그런데 어떻게 아시죠?"

"얼마 전 어머니를 만났는데 아들이 이곳에 산다고 들었어요."

"아, 네…."

"장사 참 오래 하셨지요. 먹을 것 안 먹고 고생 많이 하셨어요."

갑자기 코끝이 찡하고 눈시울이 촉촉해졌습니다. 제가 불효를 많이 했던 탓에 더욱 가슴이 미어졌어요.

어머니! 저는 돌아오면서 볼에 흐르는 눈물을 남에게 보이지 않으려고 하늘과 먼 산으로 시선을 애써 돌리며 손등으로 눈물을 훔쳤지요.

그 추운 날 시장 노점에 사과와 배 몇 개를 놓고는 검게 그을리고 마른 얼굴로 움츠리고 앉아 과일을 파시던 모습을 생각하면 지금도 갈기갈기 찢기듯 아픕니다. 그런 다음 날이면 저는 기어이 거짓말을 해서라도 그 돈을 받아 학교에 가야만 했던 고집불통이었지요.

어머니! 그럴 때마다 당신은 안 줄 듯 안 줄 듯하다가도 결국엔 꼬깃꼬깃한 지폐 몇 장을 손에 쥐여주고 달래서 학교에 보내셨지요. 그 진한 사랑을 아직도 기억합니다.

학교가 끝나고 어쩌다 친구들과 시장을 지나치다 보면 한쪽 모퉁이에 과일 몇 개를 놓고 손님과 흥정하느라 치마 끝을 잡고 승강이를 벌이는 어머니를 볼 수 있었지요. 옆의 친구가 어머님을 알아볼까 봐 다른 곳으로 유도했던 소견머리, 생각하면 부풀어 오르는 후회로 미칠 것만 같습니다.

"내가 돈 만드는 사람이냐, 은행이냐? 너 때문에 큰일이다, 큰일이여."

하시던 당신의 격양된 어조.

어머니! 10여 년 전 같이 장사하시던 아주머니들은 모두 논 사고 밭 사서 떵떵거리고 사는데 유독 우리 집안은 옛날 그대로의 살림이었죠. 그러나 우리 칠 남매는 남 못지않게 공부시켜 사회에 진출시키셨습니다.

다른 집 자녀는 겨우 글에 눈떴지만 살림은 불어나더군요. 우리 집은 비록 살림은 늘지 못했지만 칠 남매 어디 가서 남보다 빠지지 않게 고등 교육까지 시키시어 이제 사는 일은 걱정이 없으니 성공하신 겁니다.

어머니! 그 척박하고 어려웠던 시절에도 빵보다는 교육이 알찬 투자라는 당신의 지혜가 있으셨지요. 슬기로운 당신은 '교육은 무한의 장기 투자이고, 재물은 유한의 단기 투자'임을 아셨던 것입니다.

그렇게 속을 썩이던 불효자식이 벌써 딸 둘과 아들 하나를 가진 아빠입니다. 몇 년을 키워보니 이제야 한도 끝도 없는 부모님의 사랑과 손끝이 뭉뚝해진 헌신을 이제야 알겠습니다.

낳으실 제 괴로움 다 잊으시고/ 기르실 제 밤낮으로 애쓰는 마음 / 진자리 마른자리 갈아 뉘시고/ 손발이 다 닳도록 고생하시네/ 하늘 아래 그 무엇이 높다 하리오/ 어머님의 은혜는 가이 없어라
(중략)

구석구석 사무치는 '어머님의 은혜'란 노래입니다.

어머님! 배가 아파 뒹굴 때 당신의 손길이 배 위에 서너번 닿으면, 말끔히 나아 마루에 걸친 해맑은 하늘을 보며 다시 놀았지요. 코라도 흘릴 때면 까칠한 손등으로 문지르고 치마로 다시 훔쳐 주셨던 어머니.

지난날, 식구는 많고 먹을 것이 없어 점심은 늘 고구마로 때우고 저녁은 국물만 많게 만든 수제비로 가난한 배를 채웠지요. 그

래도 아침밥은 보리에 쌀을 조금 넣은 별식이었습니다. 그러나 막내 영이만은 희디흰 쌀밥이어서, 먹고 싶은 마음에 자꾸 눈길이 갔지요. 어쩌다 막내가 몹시 아파 밥을 남길 때면 그 밥을 서로 먹으려고 칠 남매가 싸웠습니다.

긴긴 겨울밤이면 일찍 먹은 감자밥(감자와 보리밥이 섞인 밥)이 쉽게 꺼져 뭐라도 먹어야 잠이 왔었죠. 부엌 구석에 묻어 놓은 썩은 고구마를 도려내고 익혀서 윗목에 다리 뻗고 앉아 오붓하게 옛이야기 도란도란 하며 먹다 보면 그냥 잠들기 일쑤였지요.

작은 이불 서로 덮으려고 끌어당기는 바람에 실밥이 터지고 귀퉁이는 여러 번 꿰매어 가난한 '흥부네 집 이불'을 방불케 했습니다. 그런 겨울밤 어머니가 터진 이불을 꿰매느라 흐릿한 등잔불 밑에서 자꾸 실에 침을 발라 꼬면서 씨름하는 사이에 밤은 깊어갔죠. 장독 위에 흰 눈은 소록소록 쌓이고 산토끼, 산 노루가 몰래 놀다가는 겨울밤, 가난했지만 저희 칠 남매에겐 행복한 맛이 솔솔 나는 때였습니다.

어머니! 아직 잊지 않고 있습니다.

"엄마, 다음에 크면 돈 벌어 효도하고 제가 모실게요."

"그래라. 그럼 네 덕 보고 살아야겠구나."

이 다짐을 몇 번 했습니다. 이제 정말 효도하고 편히 모시려 애썼습니다만 그게 그렇게 잘 안되네요. 결혼해서 아이 셋 낳고 산 지 십 수 년 되었건만 지금껏 가난을 면치 못하니 무어라 엎드려 죄송한 말씀을 드려야 할지 몸 둘 바를 모르겠습니다. 그래도 어머님은 그랬죠.

"내 염려 말고 너희나 잘 살아라!"

하고 오히려 저희를 염려하시니 옛 시인이 말하길,

"나무는 고요히 있으려 하나 바람이 그치지 아니하고, 자식은 어버이를 받들려 하나 기다려 주지를 않네."

이 말이 오늘따라 이 못난 불효자의 가슴을 더욱 치네요. 어머니! 이 불효자 한 번 더 엎드려 거짓말 아닌 거짓말 합니다.

조금만 더 기다리세요. 고생시켰던 그 허한 가슴에 꼭 따스한 효도를 부어 올리겠습니다!

# 은근쪼란 이름의 상추보쌈이여!

　요즈음은 비닐하우스 재배 덕분에 언제 어느 때고 상추쌈을 먹을 수 있지만, 예전에는 여름 한 철에만 잠시 먹을 수 있었다.
　여름날 정오에 온 식구가 둥그런 두레상을 마루에 펴고 앉아 금방 채전에서 따온 상추 잎을 우물물로 씻어 물기가 뚝뚝 떨어지는 채로 왼손에 놓고는 보리밥 한 덩이와 된장을 얹어 입에 넣고는 양 볼때기를 옴실거리며 먹던 그 맛이란.
　그야말로 마파람에 게 눈 감추듯 먹어 치웠었다. 여름 볕이 따사롭게 토방에 드리우고 씨암탉이 담 밑을 기웃거리는 날, 배고프던 차에 밥 한 사발을 단숨에 먹은 지라 졸음이 스르르 와 허리띠 풀어 배꼽 드러내 놓고 낮잠 한숨을 자노라면 여름 해는 짧아 서산녘을 붉게 물들이곤 하던 그 때 그 시절 …….
　상추는 국화과 일 년 초로 광범위하게 재배되고 꽃은 6월쯤 피는데, 상추 잎 특유의 풋풋하고도 부드러운 맛 때문에 예전이나 지금이나 상추쌈은 식탁에서 인기이다. 상추잎 뿐 아니라 깻잎 쌈, 피마자쌈, 호박잎 쌈, 배추쌈, 김치쌈 등의 채소류 쌈은 예부터 서민의 밥상을 풍성하게 해주었지만 그중에서도 으뜸은 역시 상추쌈이다. 뭐랄까, 음식물을 남에게 보이지 않고 상추 잎이란 채소류로 보기 좋게 싸서 먹은 우리 조상의 식탁 문화라고 볼 수 있다.

예전에는 쌈을 싸서 먹는 모습이 양반의 품위를 떨어뜨린다고 여겼던지 예절을 가르치는 책에 품위 있게 상추쌈을 먹는 방법이 예시되어 있다.

이덕무라는 사람이 쓴 '사소절士小節'에 보면 상추를 싸 먹을 때 직접 손을 대선 안 되고 먼저 수저로 밥을 떠 밥그릇 위에 가로놓고 젓가락으로 상추 두세 잎을 들어 밥을 싼 다음 입에 넣고서 그다음 된장을 떠먹어야 한다고 기술되어 있다. 당시 고려에 이 풍습이 멀리 원나라에까지 전해져 고려풍高麗風의 하나로 크게 유행했다고 한다.

위와 같은 방법이 얼마나 설득력 있게 당시의 양반 사회에 흡수가 되었는지 모르지만 상추쌈이란 손바닥을 사용하여 밥과 된장 등을 올려놓고 먹어야 제 맛이 나는 것이 아닐까. 그땐 예의범절을 중시하던 때라 흰 수염 긴 할아버지가 며느리나 자손들 앞에서 팔을 걷어붙이고 상추쌈을 싸 먹기란 쉬운 일이 아니었으리라. 안 먹자니 맛이 그립고, 먹자니 양반 체면에 그렇고 하여 여간 곤혹스럽지 않았을 것이다.

상추쌈에는 취면就眠 성분이 있어 먹으면 졸음이 온다는 얘기는 흔히 알려진 말이다. 그러나 이 상추쌈을 많이 먹으면 남녀 정사(情事)가 잘 이루어진다는 속설을 아는 사람은 많지 않다. 이 말이 입에서 입으로 전해지면서 호사가들의 군침을 흘리게 하고 있다. 속설이기는 하지만 흥미롭지 않을 수 없다.

우선 상추 잎 자체가 여성의 처녀막이나 질벽을 뜻하고, 상추 잎이나 대를 자르면 젖 같은 유즙이 나오는데 이것이 남성의 정액을 상징한다는 것이다. 실제로 젖이 적은 여인에게 이 유즙을 먹이면 젖이 많아진다는 민간 한방법이 있다.

돌이켜보면 예전에 집에서 상추를 심을 때, 텃밭이 아닌 채전이나 뒤켠에 심고는 싸리나 짚으로 울타리를 쳐 아낙네들이 암암리에 가꾸었다. 상추를 많이 심게 되면 그 집 안방마님의 음욕과 성욕이 많아진다고 생각했기 때문이었다. 그래서 상추는 몰래 그 집 안주인의 치마폭에서 큰다 하여 '은근초'라는 이름으로도 불리웠다.

특히 굵직굵직한 고추밭이랑 사이에 심은 상추일수록 약이 잘 올라 최고로 평가되며 남편의 밥상 위에 알뜰하게 챙겨져 남자의 성욕을 키운다는 유감 주술법이 있다. 이런 며느리를 욕할 때 예전에는 '고추밭 상추 가리는 년' 이라고 했다. 남편을 위하는 척하며 실은 자신의 음욕을 채운다는 얘기다.

안방의 문갑이나 장롱은 잠그지 않아도 상추를 심으면 싸리나 짚 등으로 울타리를 만들어 은근초를 감쌌던 옛 선조의 행태를 보면서 그것(?)을 위해서라면 예전이나 지금이나 남녀가 물불을 안 가리는구나 하는 생각이 든다.

하긴 서양의 철학자 로렌스는 '인간과 인간의 결합은 육체로부터 출발하지 않으면 안 된다'고 했고, 동양의 성인 임어당도 '인간의 행복은 대개가 관능적인 행복에 있다'고 그의 저서에서 기술한 바 있다.

상추 잎을 펴고 그 위에 밥 한술과 된장을 얹고는 입을 찢어지게 벌려 쏙 집어넣고는 양 볼때기 옴실거리며 먹는 은근초의 그 맛이란 어쨌든 참을 수 없는 유혹인 것만은 사실이다.

진정 소중한 것을 아무런 조건 없이 남과 함께 나누는 것이 바로 참된 나눔이다. 좋은 만남은 좋은 결과를 낳는다. 서로 위하고 도움을 주는, 더불어 살아가는 세상을 꿈꾸어 보는 것이 좋을 것이다.

인격과 공동체는 인간 사회의 기본 요건이다. 인간은 마땅히 도덕적이어야 인간이라 할 수 있다.

식은 죽 반 숟가락
돌려보낸 돌
매일 조금씩 떠나보내는

김영교 작가 약력

경남 통영 출생.
이화여대 영문과 졸업. 컬럼비아 대 수학. 시인, 수필가.
수필집:『소리 지르는 돌』,『길 위에서』,『꽃구경』외
『물소리 바람소리』,『처음답다』,『하오의 사중주(공저)』.
시집 :『우슬초 찬가(제1시집)』,『신호등〈한 영시〉
(제2시집)』,『물 한 방울의 기도(제3시집)』,『너, 그리고 나, 우리(제4시집)』,
해외 문학상, 노산 문학상, 안데스 문학상. 이화 문학상 수상.
현: 미주시인협회 이사장한국 Pen 문학 회원, 이대문인회 회원
사우스 베이 글 사랑 교실 및 평생대학 창작교실 지도.
e mail : kimyoungkyo@hotmail.com

<나의 유익을 위해 자연의 한 귀퉁이를 납치하여 집안에 가두었던 것이다. 하늘을 보고 또 별을 보고 물새들과 대화를 나누며 바닷바람에 닦이며 방생하는 돌의 자유를 훔쳐왔던 것이다.

이제 제자리로 돌아간 그 돌멩이는 창조주가 내게 양심이라는 텃밭을 주어 사랑을 심고, 가꾸고, 나누는 경험을 하도록 훈련시키기 위해 보내준 메신저가 아닐까 하는 생각마저 들었다.>

많은 사람에게 암은 위기일 수도 있다. 두려움일 수도 있다. 나에게는 눈뜸이었고 많은 만남으로 가는 통로였다. 그 중 가장 귀한 생명을 만나는 기회를 선물로 받았다. 밥만 고집하던 나의 식탁은 식었든지 따끈하든지 죽은 살은 죽으로 이 아침도 나를 에너지 속으로 불러들인다.

## 식은 죽 반 숟가락

연초에 폐렴 기로 힘들어할 때 멀리 사는 친구의 병문안을 받았다. 마음 쓴 흔적이 역력한 죽 바구니를 대동하고 말이다. 친구의 죽 꾸러미를 내려다보는데 나도 모르게 눈물이 핑 돌았다. 옛날이 떠올랐기 때문이다. 나는 음식 투여가 어려웠던 투병의 병상에서 식은 죽 반 숟가락 겨우 먹기 시작하여 살아났고 그 경험으로 병상의 많은 새 친구를 사귈 수 있었다.

너무 쉬운 일을 두고 사람들은 '식은 죽 먹기'라고들 한다. 그 쉬운 죽 먹기가 무척 어려웠던 투병의 나날들이 포개지면서 눈가를 젖어들게 하였다. 평소에 국수나 밀가루 음식보다 촌스럽게 밥만 즐기던 밥보 인생, 병문안 온 친구의 따스한 발길이 가슴을 치는 북이 되어 울려 퍼졌다.

### 죽 택배

열이 높아 혼절한 오후
약기운에
간신히 떠오른 숨 실눈을 뜬다

끼니때 찾아온 죽 자매들
앞치마를 두르고
사이좋게 탑을 쌓는다
녹차, 단호박, 송이, 전복
빙빙 돌아 입맛 옆에 엎드린다
방문 온 배려가 높이 탑을 올라가면
겸손하게 내려가는 신열
옛날
언어가 훼방 놓아
하늘에 못 닿은 탑 하나

오늘
내려가는 신열만큼 낮아지는 자아
죽 자매들 '여리고 성'을 외치며 돌고 들어 와
생명을 올곧게 외친다

허물어진 그 자리에 자라나는

기도의 새싹

남은 나의 쾌청의 날

그대를 위해

심장 하나의 죽 택배로 남고 싶다.

나에게는 위胃에서 발원된 림프샘 암 말기에 비장과 위장 제거 수술을 받아야만 했던 때가 있었다. 그때 이른 새벽 두 숟갈 정도 두어 가지 다른 죽을 손수 쑤어 보온병에 담고 식을까 여러 겹의 타월로 싸서 직접 택시를 타고 병원에 가져다주신 팔순 시어머니가 지금도 살아 계신다. 늘 내 손을 꼭 잡고 회개와 간구로 시작하여 감사기도로 끝맺으시는 믿음의 나오미 시詩다. 그때 보온병에 담긴 것은 정성이었다. 죽으로 뭉개져 녹아든 어머님의 사랑이었다. 입이 열리지 않고 구멍마다 줄이 꽂혀있어 구강 음식투여가 어려운 상태라 못 먹겠다고 머리 젖는 나와 실랑이 하는 사이에 죽은 식어가 '식은 죽'이 되어갔다. 곡기가 제일이라며 반 숟갈 만이라도 먹어야 산다며 애원하시던 어머니, 눈 껌벅이는 것도 힘에 겨워 고개를 저으며 겨우 쳐다본 내 실눈에 비친 어머니의 얼굴, 어머니는 울고 계셨던 것이다. 내 마음 상할까 숨기며 울고 계셨다.

 그 순간이 떠올라 지금도 눈물이 난다. 어머님의 눈물을 보는 순간 팔순 노인의 수고가 감동으로 가슴 깊이 젖어들었다. 남편 밥도 못 해주고 집을 여러 날 비운 것도 죄송한데 병이 든 내가 뭔데 이 과분한 정성을 뿌리치랴 싶어서 토할지라도 어머님을 안심

시켜드리고 싶은 마음이 생겨났다. 떠 넣어주시는 반 숟가락의 식은 죽은 입안에서 녹아 물이 되어 힘들지 않게 넘어가 삼켜졌던 것이 보석처럼 소중한 기억으로 남아있다.

내가 먹은 것은 사랑이었고 눈물이었다. 궁극적으로 그리스도의 피와 살을 어머님을 통해 먹었고 단절된 세포가 활성화 명령에 감응하기 시작한 것이었다. '식은 죽 반 숟가락'은 생명 불꽃 점화였다. 젊은 나는 누워서 늙은 시어머니의 정성 어린 보살핌을 받는데…. 문득 죄 없는 예수가 나의 죄 때문에 죽은 십자가 사건이 생생하게 가슴을 파고드는 것이었다.

이 아픔은 그의 찔림에 비하면 참을만한데 엄살을 부린 것처럼 느껴져 부끄러웠다. 부끄러운 감이 들어 나를 죄스럽게 만들었다. 눈 뜸이었다. 훗날 나도 며느리에게 베푸는 시어머니가 되어야지 다짐도 하게 되었다.

병자였던 나는 생명을 연장받아 지금 이렇게 살아있고 그 간호인이시던 어머니는 각막이식 거부증으로 시력을 상실한 불편함을 지금 겪고 계신다. 시력장애에도 주일을 꼭 지키시며 지금도 로마서 12장을 완전히 암송하신다. 매일 은혜 가운데 주님과 동행하고 있다 말씀하시며 어디 하나 감사하지 않을 게 하나도 없다 하신다. 이렇듯 어머님을 통해 "나의 힘이 되신 여호와여 내가 주를 사랑 하나이다."(시편 18편 1절) 예수님의 힘을 공급받고 있다. 참으로 놀라운 일이 아닐 수 없다.

투병의 세월이 있었기에 이웃의 아픔에 더 민감하게 다가가게 되고 적극 기도의 후원자가 되는 삶의 방향 전환이 오히려 기쁨이 되고 있다. '식은 죽 반 숟가락'은 하나님 성품에 참여하는 〈자아버림〉이었다. '내가 앓은 암은 예수와의 인격적 만남의 문'이라는 고백을 이 순간도 서슴지 않는다. 많은 사람에게 암은 위기일 수도 있다. 두려움일 수도 있다. 나에게는 눈뜸이었고 많은 만남으로 가는 통로였다. 그 중 가장 귀한 생명을 만나는 기회를 선물로 받았다. 밥만 고집하던 나의 식탁은 식었든지 따끈하든지 죽은 살生은 죽으로 이 아침도 나를 에너지 속으로 불러들인다.

## 돌려보낸 돌

여러 해 전 가족이 함께 떠난 샌프란시스코 여행을 회상할 때마다 입가에 잔잔한 웃음을 자아내게 하는 추억 하나가 꼬리표처럼 붙어 있다.

바다를 끼고 펼쳐져 있는 캘리포니아 해안 고속도로 1번을 따라 목적지까지 가노라면 여기저기 볼 곳이 많다. 아름다운 몬트레이 시市와 해마다 US오픈 골프대회가 열리는 페블 비치며 이리저리 기분 좋게 휘며 오르락내리락하는 국도를 달리는 길 또한 캘리포니아에서 손꼽히는 관광코스이다.

우리는 점심을 먹은 후 페블 비치에 잠깐 차를 세웠다. 하늘의 자유를 만끽하는 물새들의 풍요로움을 바라보며 해변을 거닐었다. 마치 고향바닷가에 온 것처럼 동심에 젖어 조개껍데기를 줍기도 하고 맑고 차디찬 바닷물에 발을 담그기도 했다. 찌들고 오염으로 구겨져 있는 마음을 꺼내 깨끗하게 씻어 햇볕에 널어 말리기라도 한 것처럼 상쾌했다.

어느 만큼 걸어 나갔을까. 인제 그만 가자는 남편이 부르는 소리에 발길을 돌리는데, 까맣고 탐스럽게 윤기를 발하고 있는 동글납작한 돌들이 눈에 띄었다. 나는 얼른 흠이 없고 고운 돌로 서너 개를 골라 겉옷 주머니에 넣었다.

아무 말 없이 잔잔한 파도만 밀어내고 있는 바다를 등지는 것이 무척 아쉬웠으나 우리는 다시 목적지를 향해 차를 달렸다. 한참을 지나 나는 포켓의 무게를 의식하고 돌들을 꺼내어 발밑에 내려놓았다.

"당신 생각엔 당신 혼자 같지만, 해변에 오는 사람마다 돌멩이 한 개씩만 집어가면 몇 년 후에는 몇 개나 남겠어?"

기분 좋게 음악을 들으며 운전을 하던 남편의 고함에 모두 깜짝 놀랐다. 변명할 틈도 없이 남편은 오던 길 쪽으로 방향을 돌리고 있었다.

"오이지 담글 때 필요해서……." 그러나 남편은 끝내 나와 공모자가 되길 거절했다. 조금 전에 들렀던 페블 비치, 그 해변으로 다시 돌아가 차를 세우고 돌멩이를 제자리에 갖다 놓으라고 했다. 나는 그때처럼 남편이 야속하고 꽉 막힌 사람으로 보인 적이 없었다. 이런 남자와 계속 살아야 한다니…. 탁 트인 넓은 바다는 눈앞에 있는데 나의 가슴은 답답하기만 했다.

남편은 다시 차를 몰며 목소리를 높이기 시작했다. 규격 미달의 작은 전복이라야 맛이 있고 먹기가 좋다며 당국의 감시를 피해 즉석 초고추장으로 전복 대학살을 감행하는 사람들, 그리고 고사리를 얼마나 많이 뜯어 가기에 봄만 되면 레인저들이 산에 깔려 감시를 해야 하는가. 한국 사람들이 그렇게 욕을 먹는 것은 자기밖에 모르는 바로 당신 같은 사람 때문이라며 신랄하게 비판해댔다. 얼마 전까지만 해도 콧노래가 저절로 나오던 나의 행복은 곤두박질을 쳐 밑으로 가라앉고 있었다.

"지천으로 깔린 돌멩이 하나로 아비는 좀 심한 거 아니니?"라며 뒷좌석에 계시던 시어머님의 말씀에 나는 그만 눈물을 왈칵 쏟고 말았다.

눈물을 닦기 위해 휴지를 찾느라 겉옷 포켓을 뒤지는데 미처 내려놓지 못했던 돌멩이 하나가 손에 잡혔다. 반갑기도 하고 남편이 알게 되면 더 야단맞을 것 같은 생각이 들어 갈등하는 사이 차는 목적지를 향해 질주하고 있었다. 나는 끝내 자수하지 않은 채 그 돌멩이를 집까지 가져왔다. 남편이 볼까 봐 돌을 숨기고 났더니 오히려 호랑이 남편을 골탕이라도 먹여주는 것 같은 통쾌감까지 들었다.

그 후 나는 오이지를 담글 때마다 그 돌을 사용하면서 그 돌멩이가 남편에게 앙갚음하는 힘이라도 되는 것처럼 생각되었다. 그 돌은 나의 소중한 아군, 나의 공범자가 되어주었다. 더구나 밥상에 올린 오이지를 즐기는 남편을 볼 때면 숨겨 둔 돌멩이 쪽을 돌아보며 은밀한 웃음을 건네곤 했다.

세월이 흘렀다. 이젠 아이들도 모두 떠나고 오이지 소모량이 훨씬 줄어들게 되어 오이지 행사는 중단되었다. 그 돌멩이는 이제 출동대기 아군의 신분이 아니라 싱크대 밑에 버려두는 제대병이 되었다. 오다가다 눈에 띄어도 별로 감흥을 일으키지 못해 관심 밖의 돌이 되어가고 있었다. 그렇다고 화단이나 뜰에 아무렇게나 내다 버릴 수는 없는 일이었다.

시간이 갈수록 그 돌멩이는 내 마음 한쪽에 들어와 짓누름으로 자리를 잡고 그때 그 페블 비치에서 고함을 지르던 남편의 모습을 떠오르게 했다. 한참을 지내도 해결책은 생각나지 않고 그 조그마한 돌멩이는 산의 무게로 눌러대는 통에 가슴이 답답해졌다. 어느 날 그 돌멩이를 꺼내놓고 어떻게 할까 고심하고 있는데 등 뒤에서 인기척이 났다. 남편이었다.

"인제 그 돌 어떻게 할 거야?"

깜짝 놀라는 나를 내려다보며 웃고 서 있다. 남편은 벌써 나의 하는 짓을 알고 있었던 것일까. 얄밉고 야속까지 했던 남편이었는데 나의 어리석음에 미안하기도 했고 속는 척 나의 하는 모양을 보고만 있어 준 남편의 아량에 눈물이 났다. 속은 사람은 남편이 아니라 나 자신이었던 것이다. 그제야 나의 접혀 있던 깨달음의 우산이 펴지는 것이었다. 너무 곧아서 딱딱하다고만 생각되던 남편의 이미지가 한순간에 모두 좋게 보였다. 그리고 내가 깨달음에 이를 때까지 인내로 기다려 준 그의 속마음이 고맙게 느껴졌다.

그 후 나는 페블 비치로 골프여행을 가는 친구에게 강권적으로 부탁하여 이래저래 정이 들고 사연이 덕지덕지 붙은 그 돌멩이를 페블 비치로 보내주었다. 그곳에 다녀온 친구는 임무는 수행했지만, 겉보기와는 달리 겁쟁이라고 나를 놀려댔다. 그러나 나는 그날 밤 제 고향으로 돌아간 돌멩이를 생각하며 오랜만에 홀가분한 잠자리를 가질 수 있었다.

　나의 유익을 위해 자연의 한 귀퉁이를 납치하여 집안에 가두었던 것이다. 하늘을 보고 또 별을 보고 물새들과 대화를 나누며 바닷바람에 닦이며 방생하는 돌의 자유를 훔쳐왔던 것이다.

　이제 제자리로 돌아간 그 돌멩이는 창조주가 내게 양심이라는 텃밭을 주어 사랑을 심고, 가꾸고, 나누는 경험을 하도록 훈련시키기 위해 보내준 메신저가 아닐까 하는 생각마저 들었다.

　페블 비치의 그 돌멩이 추억은 의미 있는 파도가 되어 내 가슴의 모난 곳을 갈아 둥글게만들어주고 있다.

## 매일 조금씩 떠나보내는

사시사철 먹을 게 마땅치 않을 때 부담 없이 떠오르는 단골 메뉴는 무엇일까? 바로 된장찌개가 아닐까 싶다. 우리 음식문화를 대표하는 된장찌개는 뚝배기에 보글보글 끓여야 제격이고 풋고추랑 애호박, 두부를 곁들이면 달랑 찌개 하나만 먹어도 속이 든든해진다.

변하는 음식문화에 편승하여 사람의 입맛도 변하고 있는 요즈음이다. 고향을 그리워하는 입맛은 된장찌개를 그리워하는 향수병鄕愁病 같아 진한 사랑을 깔고 있다. 한국 사람이면 콩을 원료로 만든 조상대물림의 된장찌개를 늘 대해도 싫증이 나지 않는 국민 체조 같은 웰빙 음식이고 보니 선조의 지혜가 놀랍기만 하다.

상추쌈을 위시해 열무 철에는 된장찌개 열무김치 보리밥은 인기 절정의 건강 음식임을 아무도 부정 못할 것이다. 가진 것 없던 때도 우리는 이 음식에 기대어 어려운 보릿고개 시절을 견뎌올 수 있었다.

　오랜 세월 자연에 순응하며 살아온 사람들에게 고향처럼 자리 잡은 된장찌개, 바로 고향의 맛이다. 가족의 맛이다. 집집이 가문의 얼이 담겨 있는 장독대는 된장공동체란 역사의식도 담고 있다. 비위생적이라 보는 견해도 있지만 침 묻은 숟가락 담그며 함께 떠먹는 된장찌개는 바로 혈육가족임을 천명한다.

　정신을 차릴 수 없을 정도로 빠르게 세상이 변하고 있는 지금 고향에 대한 그리움은 된장찌개에 보글대고 있다. 슬기로운 조상을 만나는 맛이다. 한국 어머니들은 정이란 양념을 넣을 줄도 알았다. 눈물 섞어 끓인 된장찌개를 즐겨 먹어온 한국 사람들은 튼튼했고 유독 정이 많다.

　그런데 이민 온 우리의 입맛은 변하고 있다. 전통적인 된장찌개는 점차 사라지고 개량된 찌개들이 우리 입맛에 아부하며 상에 오르고 있다. 음식 역시 개조 변형에서 벗어날 수는 없겠지만 조금은 서운한 감이 든다. 친환경 음식문화, 그리워지고 있는 집 밥 풍경이다. 건강에도 이롭지 않은 패스트푸드나 인스턴트 음식을 후세들에게 먹이면서 우리는 고향을 조금씩 떠나보내고 있다.

　된장찌개를 매일 떠나보낸다 해서 이 음식이 주는 지혜까지 버릴 수는 없다. 오랜 세월을 거쳐 숙성한 된장으로 끓이는 이 찌개 음식이야말로 은근과 끈기를 상징한다. 이것은 우리 모두의 이민정신이 되어야 하지 않을까 싶다.

　얼마 전에 접한 기아선상의 북한 어린이들 영상이 머리에서 떠나지 않는다. 피골이 상접한 그 아이들을 보면서 이들에게 기본식

단인 된장찌개라도 실컷 먹일 수 있다면 얼마나 좋을까 생각을 해보았다.
 된장찌개가 통일찌개가 되는 그날이 어서 오기를 기대해본다.

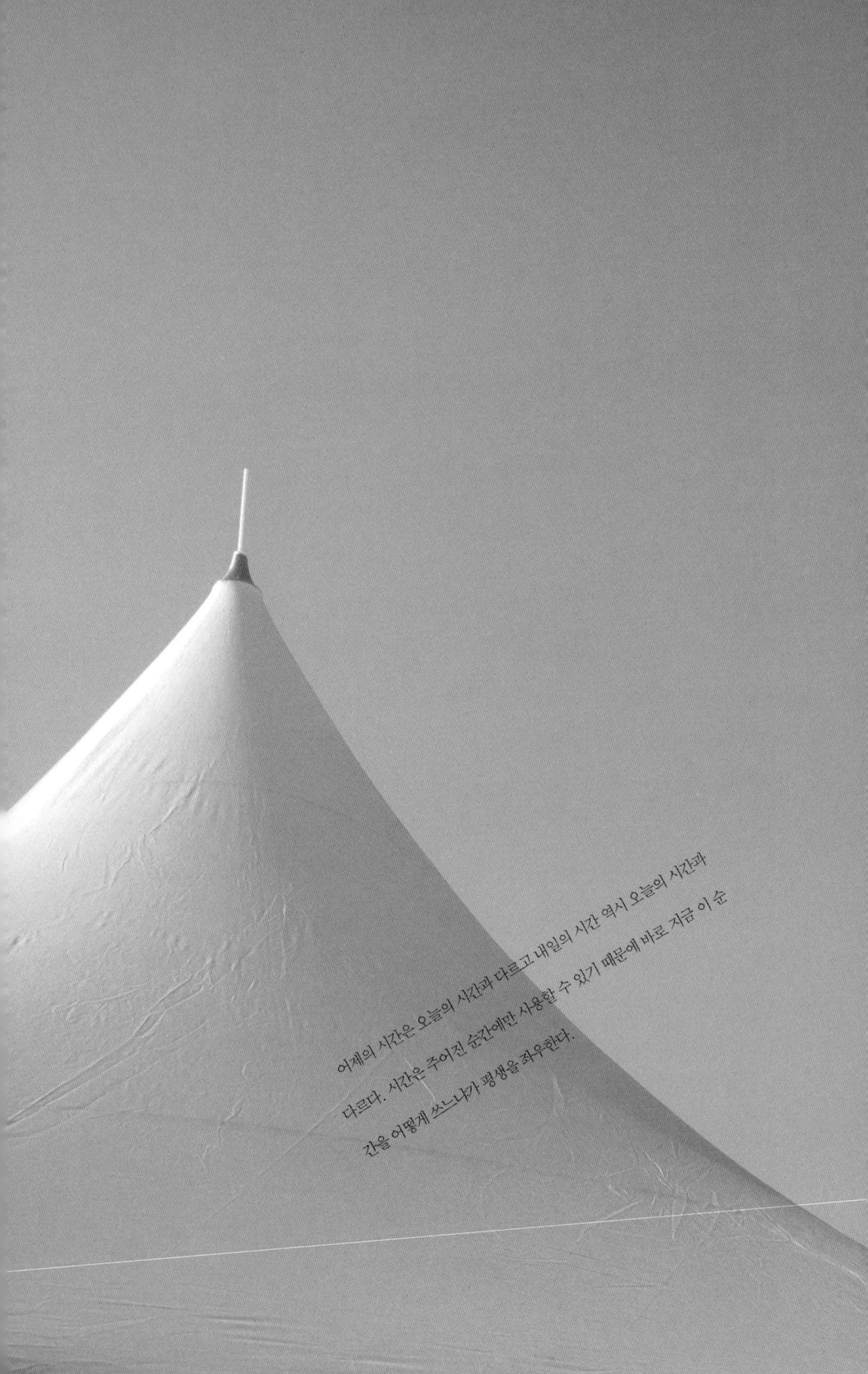

어제의 시간은 오늘의 시간과 다르고 내일의 시간 역시 오늘의 시간과 다르다. 시간은 주어진 순간에만 사용할 수 있기 때문에 바로 지금 이 순간을 어떻게 쓰느냐가 평생을 좌우한다.

시간의 춤을 추는 사람들
이런 빵을 먹어 보았는가
두물머리의 만추

김상연 작가 약력

전남 장성 출생.
한국 문인협회 회원.
한국 문인협회 동작 지부 회원.
사여울 동인.

저서 : 『사막에는 돌꽃이 핀다』
e mail: lalak@hanmail.net

〈눈부신 화살을 쏘아대며 솟아오른 태양은 모든 빛을 흡수하고 석양으로 서산에 이른다. 눈 깜짝할 사이에 피고 지는 절대 시간을 누군들 막을 수 있으랴만, 살아있는 동안 지붕 위를 지나가는 시간만큼은 자유의지로 선택할 수 있다는 것. 어디서든지 내 맘대로 '시간의 춤'을 출 수 있는 은총의 시간이다.

한동안 무거워야 할 때 가볍고 가벼워야 할 때 무거워지는 일희일비의 청맹과니로 허우적거렸다. 어두운 굴레를 벗어던지고 푸르고 깊은 카리브 해변에서 시간의 춤을 추는 여인처럼 날개를 펴고 싶다.〉

어차피 이 땅은 유한한 타향살이인 것을. 무엇인가 잃었을 때 내 안에 묵은 밭을 써레질하고 여문 씨앗을 뿌릴 수 있다는 것만으로도 축복이다. 벌써 기쁨이 차오르는지 입 꼬리부터 올라간다.

## 시간의 춤을 추는 사람들

비가 오려는지 노을이 붉다. 가뭄에 내리는 비는 생명으로, 홍수는 재앙으로 작용하지만 이런 희비의 조화로 꽃을 피우는 것이 인생이다.

가진 것이 뭉텅 달아났다. 가족 간에도 금이 쩍쩍 벌어졌다. 어떤 무력에 터전을 빼앗긴 억울함 같은 기류에 시달렸다. 복층구조인 멋진(?) 집을 정리하고 둥지를 옮겼다. 입체적 공간에서 즐겼던 일상의 리듬감은 잃었지만, 대신 동향 아파트로 멀리 산이 있어 날마다 일출과 일몰의 신비를 바라볼 수 있는 것은 무엇과도 바꿀 수 없는 큰 즐거움이 아닐까 싶었다.

그런데도 그 장엄한 광경은 가슴을 저미는 묘한 슬픔으로 다가왔다. 엉뚱한 곳에 처박힌 듯 답답하고 낯설어 냉기만 감도는 가슴엔 봄날에도 성에가 잔뜩 끼어 평정을 잃곤 했다.

우리의 본향은 에덴동산이다. 그곳을 떠나온 아담의 후손들은 천지 간에 어디를 가든지 모두가 타향살이다. 그럼에도 익숙한 공간에 안주하길 좋아하는 인간은 한 번도 경험하지 못한 죽음처럼 낯선 곳이 두려움의 대상일 수밖에 없는가 보다.

'시간의 춤'이라는 다큐영화가 나를 울렸다. 백여 년 전 우리의 민초들은 몇 년만 고생하면 다시 돌아올 수 있다는 희망으로 제물포를 떠나 멕시코로 들어간다. 애니깐 농장에서 손발톱이 닳도록 중노동을 한다. 노예 같은 혹독한 삶 속에서도 조국의 안녕을 기원하며 독립자금을 모아 보내는 가운데 자신을 스스로 달래고 추스른다.

그 목적이 수포로 돌아가고 그들을 다시 주저앉게 한 것은 일본의 만행으로 더욱 비참한 상황에 처한 조국의 현실이었다. 기막힌 좌절을 딛고 쿠바로, 다른 지역으로 새로운 터전을 찾아 나선다. 척박한 환경에서도 이글거리는 태양을 삼키며 뿌리를 내리기 위한 혼신으로 지새운 나날들….

내 나라 안에서 몇 발자국 옮겼을 뿐인데도 못 견디게 서럽거늘, 옷 보퉁이 하나 들고 찾아간 낯선 땅에서 모질고 처절한 세월 무엇으로 견디었을까. 그래서 '시간이 죽지 않는 것은 멋진 것이다'는 그들의 고백이 얼마나 미안하고 눈물겹도록 아름다운지! 오래전 고인이 된 아버지 아버지들의 고귀하고 선명한 발자국이 빚어낸 산물이다.

이제 그들은 시련과 고통의 거센 물살을 거스르며 이루어낸 터전에서 행복하게 살고 있다. 벌써 이민 오륙 세로 이어지면서 외

모도 생활방식도 확연히 달라졌다. 관타나메라를 부르고 라틴 리듬에 실려 살사를 춘다. 어떤 이는 다사다난한 세월을 화폭에 풀어놓으며 선조의 아픔을 다독이고 생을 찬미한다.

대대손손 이어온 희미한 기억으로 한반도가라는 '애국가'를 부르며 눈시울을 붉히지만, 불행 중 다행으로 후손들은 남미의 풍속에 육화되었는지 그곳이 고향처럼 편안해 보인다. 오히려 선조가 그토록 그리워하던 고향땅을 점자처럼 더듬고 있으니 말이다.

한민족 디아스포라 1000여 명의 시대다. 또 타국의 많은 디아스포라가 우리나라에 정착하고 있다. 나라마다 이런저런 모양으로 다인종 현상은 확산될 것이다. 어떤 프랑스인들은 자국의 부자증세를 피해서 국적을 이웃 나라로 옮기기도 하니까. 이미 '지구는 하나다'라는 글로벌 시대다. 언젠가는 혈통적으로 모두가 하나라는 보편적 정서가 온 땅에 뿌리내리지 않을까 싶기도 하다.

눈부신 화살을 쏘아대며 솟아오른 태양은 모든 빛을 흡수하고 석양으로 서산에 이른다. 눈 깜짝할 사이에 피고 지는 절대 시간을 누군들 막을 수 있으랴만, 살아있는 동안 지붕 위를 지나가는 시간만큼은 자유의지로 선택할 수 있다는 것. 어디서든지 내 맘대로 '시간의 춤'을 출 수 있는 은총의 시간이다.

한동안 무거워야 할 때 가볍고 가벼워야 할 때 무거워지는 일희일비의 청맹과니로 허우적거렸다. 어두운 굴레를 벗어던지고 푸르고 깊은 카리브 해변에서 시간의 춤을 추는 여인처럼 날개를 펴고 싶다.

어차피 이 땅은 유한한 타향살이인 것을. 무엇인가 잃었을 때 내 안에 묵은 밭을 써레질하고 여문 씨앗을 뿌릴 수 있다는 것만으로도 축복이다. 벌써 기쁨이 차오르는지 입 꼬리부터 올라간다.

## 이런 빵을 먹어 보았는가

　폭설이다. 은빛 날개를 편 세상은 참으로 아름답지만, 그것을 즐기기 위해서는 혹독한 대가를 치러야 할 때가 종종 있다. 영동고속도로가 마비되고 동서남북 곳곳에서 눈 피해가 속출하고 있다. 강원도 쪽 여행객들은 추위와 배고픔에 떨며 도로에서 밤을 보내야 하는 신세란다. TV에는 헬리콥터로 공급하는 빵과 우유를 받아먹고 있는 여인이 클로즈업되었다. 잔뜩 움츠러든 그의 표정 위로 1980년대에 내가 겪은 단상들이 되살아났다.

### 빵 맛! 천하일미
　네팔 고산족 마을의 빵 맛은 천하 진미였다. 얇게 편 밀반죽을 달구어진 부뚜막 안쪽에 붙여 바삭하게 구운 빵을 소금 차와 함께 먹는다. 그렇게 간소하고 무미건조한 음식이 눈물 나도록 맛있었다. 아마도 눈사태에 갇혀 지독한 배고픔을 겪으면서도 열망하던 히말라야 품에 안긴 감격 때문이었으리라. 세계지붕인 산의 정기를 안고 사는 사람들과 어울려 먹었던 빵 맛을 어찌 꿈엔들 잊으리오.

### 눈물 젖은 빵

등정을 마친 걸음은 배낭여행으로 이어졌다. 인도에서 두어 달 떠돌다가 유럽으로 들어갔으니 긴축예산을 단단히 세워둔 터다. 런던 공항에서 시내로 들어가서 점심이나 때울 양으로 제과점에 들렀다. 높은 빵값에 초장부터 기가 꺾이고 말았다. 그때만 해도 영국 물가가 가장 비싸다는 것은 상식이었지만 실제로 겪은 체감지수는 갈 길이 먼 나를 궁지로 몰아넣었다. 그 충격으로 영국 체류기간 내내 지갑 여는 데 얼마나 인색했는지 모른다.

배낭 여행객들의 숙식은 경제적 실리주의가 우선이다. 대체로 조반은 유스호스텔 식당을 이용하고 관광 중에는 길거리에서 낭만적으로(?) 해결한다. 런던 유스호스텔에서 어느 날 아침이다. 내 앞자리 남자가 빵을 통째로 남겼다. 온통 신경이 그의 움직임에 쏠렸다. 식판을 들고 음식 쓰레기통으로 가는 그를 뒤쫓아 갔다. 왜 그리 가슴이 쿵쾅거리던지 사방을 두리번거리다가 버린 빵을 잽싸게 주워 주머니에 넣었다. 그리곤 어색하게 콧노래를 부르며 2층 숙소로 단숨에 올라갔다. 식탁에서 "그 빵 내가 먹어도 될까요?"하고 산뜻하게 말했으면 좋았으련만. 돌이켜볼수록 인간의 다면성에 놀라울 뿐이다. 눈물 젖은 장발장의 빵에 버금가는 빵이었다.

## 빵만으로 행복했다.

　벨기에로 가는 도버해협의 뱃길은 신나고 상쾌했다. 오랜만에 빛난 햇살에 몸을 비스듬히 누이고 모네의 그림 같은 풍경을 만끽했다. 여객선 꽁무니에서는 세찬 물거품이 함박꽃처럼 피어났다. 비록 주머니는 가난하지만, 선박왕 오나시스가 부럽지 않았다.

　브뤼셀의 첫인상은 추운 날 온기 없는 방에 들어선 기분이라고 나 할까. 밀랍인형 같은 무표정한 행인들은 작고 초라한 여인을 수상한 사람 보듯 했다(사실 구질구질한 옷에 커다란 배낭을 걸머진 거지꼴이었지만). 관광지마다 붐볐던 영국과는 달리 시내는 한산하고 동양인은 눈을 씻고 봐도 없었다. 날은 저물고 낯선 곳에 대한 설렘과 호기심 어린 심정도 납덩이처럼 굳어졌다.

　한참을 더듬거려서 찾아간 유스호스텔은 고향 집처럼 정갈하고 아늑했다. 그동안 경직된 마음이 봄눈같이 녹아버렸다. 런던 유스호스텔이 최다수용에 목적을 두었다면 이곳은 여행객이 편히 쉬어 갈 수 있도록 최대로 배려한 구조다. 무엇보다도 나를 사로잡은 것은 아침 식탁에 오른 푸짐한 빵이었다. 실컷 먹고도 염치불구하고 몇 개를 배낭에 챙겨 넣었다. 원초적 욕구를 채우고 나니 쌓였던 설움과 여독이 가시고 빵만으로 행복했다.

## 모욕적이지만 신선한 빵

　브뤼셀에서 독일로 가는 기차에 올랐다. 중세의 어느 마을을 찾아가는 시간여행 같았다. 차창밖에는 낭만과 서정성 넘치는 풍광이 끝없이 이어졌다. 온종일 달린 기차는 나그네를 쉬트가르트 역에 내려놓았다. 비는 부슬부슬 내리는데 오슬오슬 춥고 배도 고팠다. 여기저기 살필 겨를도 없이 먼저 눈에 띄는 빵집으로 들어갔다. 부드러운 빵을 고르느라 이 빵, 저 빵 손가락을 옮겨가며 눌러보았다.

빵 몇 개를 골라 계산대 위에 올려놓았다. 주인의 차가운 시선과 마주쳤을 때까지도 왜 손님을 째려보는지 영문을 몰랐다. 내가 뜨악한 표정으로 바라보자 게슈타포 같은 주인이 난색을 표하며 독일말로 톡톡 쏘아댔다. 유색인종에 대한 경멸이고 냉대라고 생각했다. 전혀 알아듣지 못하고 엉거주춤하고 있으니 백인 특유의 몸짓을 하며 영어로 재설명했다. "네 손가락이 닿은 빵은 다 사야 한다."는 것이었다.

네 더러운 손이 닿았으니 네가 먹어야 한다는 이치가 당연해서 아무 말도 못하고 거액(?)을 치러야만 했다. 부끄럽고 억울하지만 신선한 문화충격이었다(많은 세월이 흐른 후에야 우리나라도 집게로 빵을 집었다.) 언젠가 공익광고에서 한국주부의 경쟁상대는 독일주부라고 했던가. 모욕적이지만 신선한 빵이 되었다.

저비용, 고효율의 구호로 나선 배낭여행 얘기는 그 어떤 인생안내서보다도 값지고 흥미롭다. 온갖 희비의 쌍곡선을 그리기 마련이어서 밤샘을 해도 모자란다. 그 두툼한 체험주머니에서 꺼낸 빵 얘기는 빙산의 일각이지만 그냥 지나칠 수 없는 웃음과 눈물을 담고 있다.

인생길에서 복병은 언제 어디서 만날지 모른다. 자동차를 몰고 풍요롭게 떠난 여행이었지만 눈 속에 갇혀 추위와 허기에 떠는 저 여행객들도 지금의 빵 맛을 평생 잊지 못할 것이다. 괴테는 꿈에 그리던 로마를 다녀와서 '내 인생이 새롭게 태어났다'고 고백했는데 귀한 자식일수록 여행을 많이 보내라는 교훈이 여기에 있지 않을까.

## 두물머리의 만추

암갈색 바람이 분다. 이성은 나이 든 만큼 제 몫을 못하는지 잉여 감성이 또 극성을 부린다. 자연과의 교감만큼 홀가분한 가지치기의 지름길이 또 있을까. 병색 짙어질까 봐 길을 따라나선다.

엊그제까지 푸르던 계절이 화려한 모자이크 옷으로 갈아입었다. 갈바람 속에 흔들리며 이별을 준비한 나뭇잎들이 마지막 춤을 추면서 아름다운 비행을 한다. 두물머리 강변엔 낡은 목선 한 척, 한평생 물살 가르며 살아온 청춘 더듬는다.

푸른 등 들썩이며 흘러온 남과 북의 물줄기. 금강산 유역에서 내려온 북한강과 태백산 줄기에서 내려온 남한강이 굽이굽이 흘러온 내력 서로 아는 듯 와락 가슴으로 끌어안는다. 한 몸 되어 품이 넉넉해진 강은 주변에 많은 생명을 보듬으며 흘러간다. 덧없는 시간 속에서 무언의 교훈처럼 자연스럽게 펼쳐지는 '上善若水'의 노자 철학에 마음을 담근다.

기러기 떼들이 갈대밭에서 잠시 머뭇거리더니 창공으로 비상한다. 내 안에 바동거리는 새 몇 마리도 함께 날려 보냈다. 아무도 가두지 않았는데 스스로 갇혀 불안과 좌절의 날갯짓을 하곤 했었다. 부실한 날개를 퍼덕이다가 구석에 처박힌 불투명한 욕망의 새들이다.

시시때때로 창문을 활짝 열어 몰아내건만 언제 또 부화해서 숫자를 불리는지 알다가도 모르겠다. 하나님은 '솔로몬의 영광이 백합화 하나만 못하다'고 하셨는데 본질에 따리를 틀지 못하고 현상만 쫓아 살아서 그런가 보다.

파란 도화지 위에 악동들이 희희낙락 낙서를 하듯 새들이 자유롭게 날아간다. 점점 멀어져 간다. 마침표를 점점이 찍으며 어디론가 사라졌다. 망연히 올려다본 시선을 거두고 옷깃을 여미는데 눈시울이 뜨거워진다. 어쩌면 내일도 철들지 않는 감성으로 살아갈 것이라는 연민의 눈물이고 그런 모습을 은연중에 사랑하고 있는지도 모를 카타르시스가 아닐는지.

태어나서 대통령 선거 열 번쯤 치르면 나이 칠십에 이른다. '七十而從心'이면 마음이 하고 싶은 데로 행동해도 어긋나지 않는다는데, 공자 같은 성인이라면 모를까 내게는 아마득한 봉우리일 뿐이다. 쌓인 세월 그 언저리에 닿았어도 정신은 허약하기 이를 데 없어 걸핏하면 넘어지기 일쑤니 말이다.

노소간에 실랑이가 벌어지면 흔히 '낫살이나 먹은 사람이……' 하는 말로 늙은이를 윽박지르는 젊은이를 종종 목격할 때가 있다. 곱씹을수록 무참하고 서러운 대거리가 아닌가 싶다. 젊은 날엔 멋

모르고 살다가 뭔가 알만하면 늘그막에 이르는 것이 인생이 아니던가.

돌아보면 구체적이고 선명한 밑그림도 없이 막연하게 살아왔다. 그 깔끄러운 회한의 언덕에 낙엽이 쌓이고 짧은 해가 뉘엿뉘엿 지고 있다. 자연의 변화는 지나온 날을 돌아보게 하고 깨달음의 경지를 넓혀주는 인생의 거울이 아닌가 싶다.

만추의 서정이 여울지는 호숫가에서 따끈한 연잎 차를 마신다. 다산 정약용은 마음의 귀로 들으면 하늘의 소리가 들린다고 했다. 그의 정서가 물씬한 이곳에서 오감을 열어놓고 하늘을 보고 땅을 본다. 구름이 생성과 소멸을 거듭하면서 한가롭게 흘러간다. 두 물줄기가 하나 되어 유유히 흐른다. 마음의 주름이 연잎처럼 활짝 펴진다.